hachette
JEUNESSE



D'après *The Hundred and One Dalmatians* de Dodie Smith, publié par *The Viking Press.*
*Les Aristochats*, d'après l'œuvre de Thomas Rowe.
Le film *La Princesse et la Grenouille* Copyright © 2009 Disney, histoire partiellement inspirée du livre *The Frog Princess* de E. D. Baker. Copyright © 2002 publié par Bloomsbury Publishing, Inc.

Directeur : Timothée Le Mière
Directrice de projets : Adélaïde Lebuy
Directrice artistique : Mélissande Mestas
Édition : Naïma Timzouert
Graphiste : Glen Le Boulicaut
Fabrication : Anne-Laure Soyez
Rédaction et suivi éditorial : Anne-Laure Estèves
Création graphique et mise en page : Bertrand Loquet
Relecture : Agnès Duhamel

Édité par Hachette Livre - 58, rue Jean-Bleuzen, 92178 Vanves Cedex
Imprimé par PPO en France - Achevé d'imprimer : septembre 2024
ISBN : 978-2-01-727428-5 - Édition : 01 - Dépôt légal : septembre 2024

Loi n° 49-956 du 16 juillet 1949 sur les publications destinées à la jeunesse.
Pour tout renseignement concernant nos parutions, nous contacter par e-mail : disney@hachette-livre.fr

Pour l'éditeur, le principe est d'utiliser des papiers composés de fibres naturelles, renouvelables, recyclables et fabriquées à partir de bois issus de forêts qui adoptent un système d'aménagement durable. En outre, l'éditeur attend de ses fournisseurs de papier qu'ils s'inscrivent dans une démarche de certification environnementale reconnue.

Disney

# L'ENCYCLO DES ANIMAUX

# SOMMAIRE

## LES DINOSAURES

## LES ANIMAUX DE LA FORÊT

# LES ANIMAUX DE LA SAVANE

# LES ANIMAUX DE LA CAMPAGNE

# LES ANIMAUX DE LA JUNGLE

# LES ANIMAUX DE L'OCÉAN

# LES DINOSAURES

# L'apatosaure

Cet imposant dinosaure avait des pattes et une tête minuscules par rapport à son immense colonne vertébrale. Herbivore, il allongeait son long cou pour atteindre la cime des arbres et il utilisait ses dents, semblables à des crayons, pour racler les branches, dont il mangeait ensuite les feuilles et les fruits. S'il était pacifique, il pouvait cependant se dresser sur ses pattes arrière et impressionner ses ennemis de toute sa hauteur pour les dissuader de l'attaquer.

## FICHE D'IDENTITÉ

Sens du nom : lézard trompeur
Type d'animal : dinosaure
Famille : diplodocidés
Lieu de vie : Amérique du Nord
Période : Jurassique supérieur (il y a plus de 150 millions d'années)
Longueur : 21 à 23 mètres
Hauteur : 8 mètres
Poids : 30 à 35 tonnes
Alimentation : fougères, feuilles de cycas et de gingkos
Prédateurs : allosaures

**L'apatosaure était aussi connu sous le nom de brontosaure : un scientifique pensait avoir découvert des fossiles de deux types de dinosaures différents… qui étaient en fait de la même espèce.**

L'apatosaure claquait sa queue comme un fouet : projetée avec puissance, elle pouvait atteindre jusqu'à 540 mètres par seconde, soit une vitesse supérieure à celle du mur du son !

L'apatosaure avalait souvent des pierres en même temps que les végétaux dont il se nourrissait, pour les broyer et les digérer plus facilement.

**Ses griffes, qu'il possédait à chaque patte, lui permettaient de déterrer des racines ou de blesser les prédateurs.**

# Le brachiosaure

Le brachiosaure était l'un des plus hauts dinosaures qui aient jamais existé. Sa taille et son cou lui permettaient de brouter à des hauteurs de 8 à 12 mètres, dans des zones inaccessibles à la plupart des autres herbivores. Ses pattes avant étaient particulièrement grandes et plus longues que ses pattes arrière : c'est ce qui lui a valu son nom de « lézard à bras ». Avec sa stature imposante, le brachiosaure se déplaçait lentement et était incapable de courir.

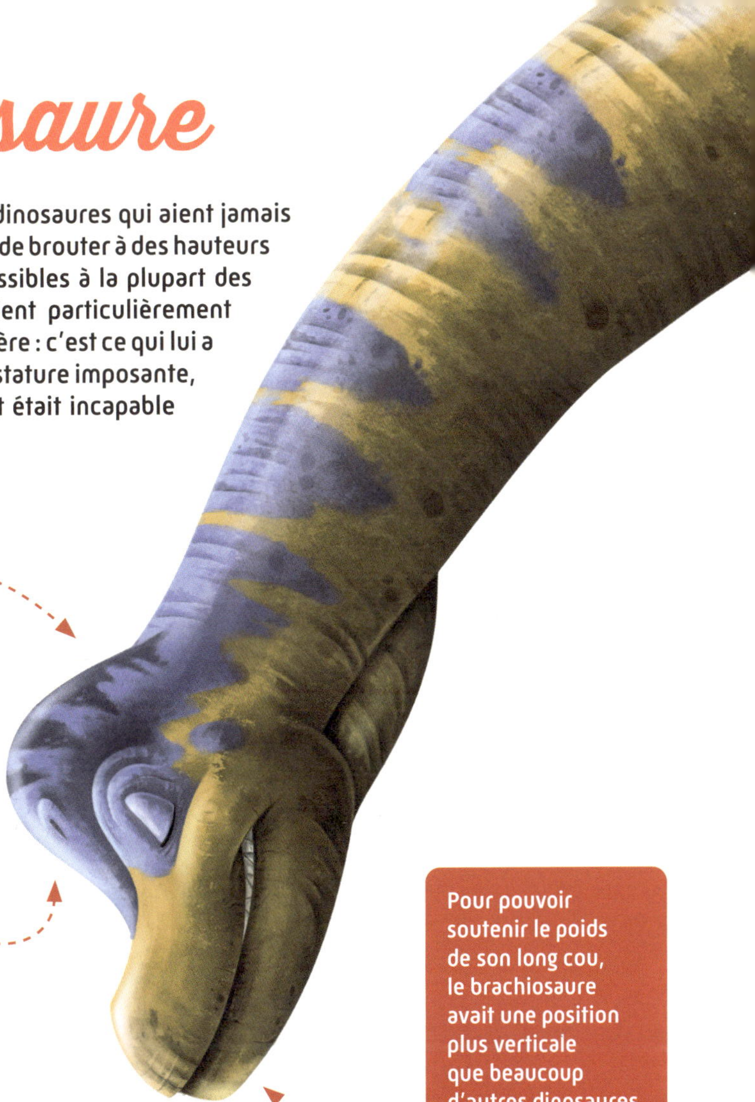

Le brachiosaure avait un crâne haut en forme de dôme et des dents semblables à des cuillères.

Ses narines étaient situées au-dessus des yeux, sur le front : ainsi, il ne risquait pas que des branches lui entrent dans le nez quand il avançait au milieu des arbres.

Pour pouvoir soutenir le poids de son long cou, le brachiosaure avait une position plus verticale que beaucoup d'autres dinosaures. On dit parfois qu'il avait des allures de girafe.

Le brachiosaure pouvait dévorer plus de 1 tonne de végétaux par jour. Il était incapable de mastiquer et avalait tout d'un coup.

## FICHE D'IDENTITÉ

**Sens du nom :** lézard à bras
**Type d'animal :** dinosaure
**Famille :** brachiosauridés
**Lieu de vie :** Afrique, Europe et Amérique du Nord
**Période :** fin du Jurassique (il y a 155 à 145 millions d'années)
**Longueur :** 25 à 30 mètres
**Hauteur :** 12 mètres
**Poids :** 30 à 50 tonnes
**Alimentation :** feuilles de ginkgo et cycas, aiguilles de conifères, fougères
**Prédateurs :** théropodes, dont tyrannosaures (p. 18)

La collerette du tricératops avait une couleur vive, qui éloignait les prédateurs.

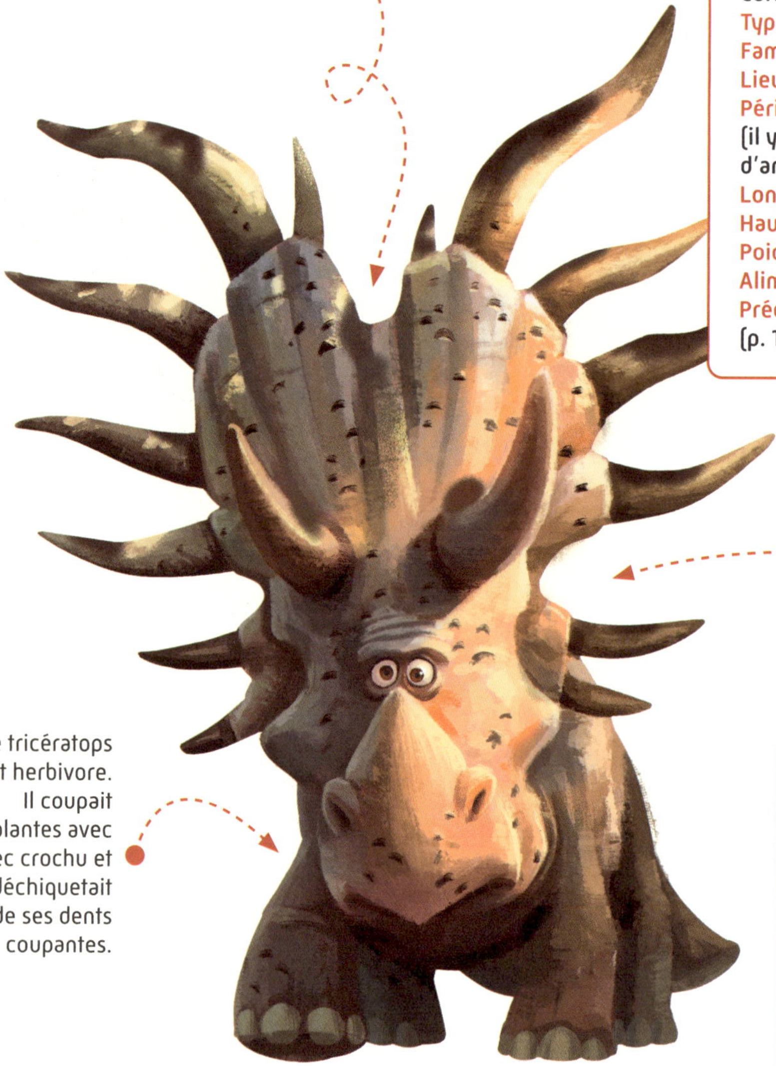

## FICHE D'IDENTITÉ

**Sens du nom :** face à trois cornes
**Type d'animal :** dinosaure
**Famille :** cératopsidés
**Lieu de vie :** Amérique du Nord
**Période :** Crétacé supérieur (il y a 68 à 66 millions d'années)
**Longueur :** 7 à 10 mètres
**Hauteur :** 3,50 mètres
**Poids :** 7 à 8 tonnes
**Alimentation :** fougères, prêles
**Prédateurs :** tyrannosaures (p. 18)

La tête du tricératops pesait environ 450 kilos.

Le tricératops était herbivore. Il coupait les plantes avec son bec crochu et les déchiquetait de ses dents coupantes.

Pour se défendre, les tricératops se regroupaient en cercle, en plaçant les plus jeunes au centre et les mâles à l'extérieur, afin que leurs ennemis se retrouvent face à un mur de cornes.

# Le tricératops

Le tricératops avait un crâne immense, pouvant aller jusqu'à 2,5 mètres de large, c'est-à-dire presque le tiers de sa longueur. Il possédait 3 cornes : 1 petite sur le museau et 2 autres, plus longues sur le front, qui mesuraient jusqu'à 1 mètre de long. L'arrière de son crâne était doté d'une collerette en os. Son apparence avait largement de quoi repousser les prédateurs : seul le redoutable T. rex osait se mesurer à lui. Pour s'en protéger, il vivait en troupeau.

# L'ankylosaure

**Cet herbivore était particulièrement lent, mais il n'était pas une proie facile pour autant. Il disposait d'une arme imparable pour repousser les prédateurs : son cou, son dos et sa queue étaient recouverts de rangées de plaques et d'épines d'os de toutes les tailles. Il possédait aussi une massue au bout de la queue : lourde de 30 kilos, elle pouvait briser la patte ou la mâchoire d'un tyrannosaure ! Son seul point faible ? Son ventre, qui n'était pas protégé par son armure.**

Les ankylosaures utilisaient leur queue pour se défendre des prédateurs, mais aussi pour se battre contre d'autres mâles de leur groupe.

Aucun squelette d'ankylosaure n'a été retrouvé complet, et pour cause : il possédait près d'un millier d'os, un record dans le monde animal.

**Le nodosaure, de la même famille que l'ankylosaure, ne possédait pas de massue en os. Mais il avait des épines osseuses sur les épaules, qui étaient elles aussi redoutables contre leurs ennemis.**

**Comme le tricératops, l'ankylosaure a disparu de la planète au moment de l'extinction du Crétacé (lorsqu'une météorite s'est abattue près du Mexique actuel, provoquant la mort de presque toutes les espèces vivant sur Terre).**

## FICHE D'IDENTITÉ

**Sens du nom :** lézard rigide
**Type d'animal :** dinosaure
**Famille :** ankylosauridés
**Lieu de vie :** Amérique du Nord et Asie
**Période :** Crétacé (il y a 71 à 65 millions d'années)
**Longueur :** 6 à 9 mètres
**Hauteur :** 2,50 mètres
**Poids :** 4 tonnes
**Alimentation :** herbes et feuilles
**Prédateurs :** tyrannosaures (p. 18)

# Le stégosaure

Comme l'ankylosaure, le stégosaure était massif et lourd ; il ne pouvait pas courir pour échapper à ses prédateurs. Pour les repousser, il comptait sur sa queue, munie de 2 paires d'épines, et les énormes plaques osseuses en forme de triangle qu'il avait sur le dos. Parcourues de vaisseaux sanguins, celles-ci servaient aussi de régulateur de température. Quand le stégosaure se mettait au soleil, sa température augmentait vite. Et quand l'air était frais, elle diminuait rapidement.

## FICHE D'IDENTITÉ

Sens du nom : lézard à toit
Type d'animal : dinosaure
Famille : stégosauridés
Lieu de vie : Amérique du Nord
Période : Jurassique (il y a 156 à 140 millions d'années)
Longueur : 7 à 9 mètres
Hauteur : 4 mètres
Poids : 3 tonnes
Alimentation : mousses, fougères, prêles, cycas
Prédateurs : allosaures, cératosaures

Les scientifiques pensaient au départ que les plaques du stégosaure étaient disposées à l'horizontale – d'où son nom de lézard « à toit ». Elles étaient en fait à la verticale.

Le stégosaure pondait des œufs, comme tous les autres dinosaures. Son nid contenait entre 10 et 40 œufs.

Le stégosaure avait un tout petit cerveau : celui-ci pesait 80 grammes, contre 2 tonnes pour les muscles !

On a longtemps cru que le stégosaure avait un deuxième cerveau au niveau du bassin. C'était en fait un centre nerveux où se rejoignaient les nerfs de la queue et des pattes arrière.

On ne sait pas exactement à quoi servait la crête du parasaurolophus : peut-être à repérer d'autres membres de son espèce, à communiquer avec eux ou encore à contrôler la température de son corps. Cette crête émettait un hurlement profond.

### FICHE D'IDENTITÉ

**Sens du nom :** lézard à crêtes à cloisons parallèles
**Type d'animal :** dinosaure
**Famille :** hadrosauridés
**Lieu de vie :** Amérique du Nord
**Période :** Crétacé supérieur (il y a 76 à 73 millions d'années)
**Longueur :** 9,50 mètres
**Hauteur :** 2 mètres
**Poids :** 2,5 tonnes
**Alimentation :** aiguilles de pin, feuilles d'arbre
**Prédateurs :** baronyx, gorgosaures, dasplétosaures

Le parasaurolophus possédait des centaines de dents à l'arrière de la mâchoire, mais n'en utilisait que quelques-unes à la fois.

Il était capable de courir sur ses 2 pattes arrière. Mais il marchait et cherchait sa nourriture sur 4.

**Le parasaurolophus n'avait pas de défenses naturelles face aux prédateurs : il possédait sans doute une bonne vue et une ouïe fine, qui lui permettaient de les repérer de loin.**

# Le parasaurolophus

Le parasaurolophus faisait partie des dinosaures dits « à bec de canard », parce que celui-ci, recouvert de corne, était large et plat. Ce bec lui servait à couper les plantes qu'il mastiquait ensuite comme les mammifères ; il ne les avalait pas entières, contrairement à bon nombre de dinosaures. La particularité du parasaurolophus était sa grande crête en forme de long tube, placée en haut de son crâne et recourbée vers l'arrière. Longue de 2 mètres, elle était creuse et reliée à ses narines.

Le T. rex avait une vision stéréoscopique, ce qui signifie qu'il pouvait voir les reliefs. Il avait en effet les yeux sur l'avant du crâne et pas sur les côtés, comme c'était le cas des autres dinosaures.

Le crâne du T. rex était percé de nombreux trous, ce qui permettait d'alléger son poids et de laisser de la place pour les attaches des muscles de son énorme mâchoire.

La mâchoire du tyrannosaure était environ 3 fois plus puissante que celle d'un lion. Il pouvait transpercer des os et déchirer la chair de ses proies avec ses dents coupantes comme des rasoirs.

Le tyrannosaure vivait parfois en groupe et se battait avec d'autres T. rex, mais on ne sait pas s'il chassait seul ou en meute.

Le T. rex pouvait avaler de petits dinosaures entiers sans même les mâcher.

# Le tyrannosaure

Le nom complet du plus célèbre des dinosaures est le Tyrannosaurus Rex. Il est également connu sous le nom de T. rex. Aussi grand qu'une maison et plus fort qu'un éléphant, ce carnivore était un redoutable chasseur : il avait un très bon odorat, qui lui permettait de repérer les proies vivantes et les cadavres de loin. Il disposait aussi d'une vue excellente et d'une ouïe très fine. Avec sa mâchoire surpuissante dotée d'environ 60 crocs tranchants et longs de 20 centimètres, il pouvait venir à bout de n'importe quel autre dinosaure et n'avait aucun prédateur : il était tout en haut de la chaîne alimentaire.

Quand le T. rex dévorait ses proies, sa gueule pouvait s'ouvrir jusqu'à 1 mètre de hauteur !

Le tyrannosaure avait un appétit d'ogre : il pouvait avaler jusqu'à 200 kilos de viande en une seule bouchée.

Le corps du T. rex était recouvert d'écailles, et non de plumes, comme on a pu le penser à une époque.

Le premier squelette de tyrannosaure a été découvert au début du XXe siècle dans le Montana, aux États-Unis.

Le T. rex était bipède : il se déplaçait sur ses 2 larges pattes arrière. Par comparaison, ses pattes avant étaient toutes petites et ne portaient que 2 doigts griffus.

### FICHE D'IDENTITÉ

**Sens du nom :** roi des lézards tyrans
**Type d'animal :** dinosaure
**Famille :** tyrannosauridés
**Lieu de vie :** Amérique du Nord
**Période :** Crétacé supérieur (il y a 68 à 66 millions d'années)
**Longueur :** 12 mètres
**Hauteur :** 4 mètres
**Poids :** 8 tonnes
**Alimentation :** herbivores de grande taille, cadavres d'autres dinosaures
**Prédateurs :** aucun

# Le dracorex

Le dracorex fait partie d'une famille de dinosaures herbivores assez mal connue, car peu d'ossements ont été découverts. Il avait une tête en forme de dôme et le sommet de son crâne était très dur et recouvert d'épines, de bosses et surmonté de 2 cornes. Cela lui donnait l'apparence d'un dragon, d'où son nom. Il se servait peut-être de son crâne pour des combats tête contre tête, comme les béliers actuels, mais cet animal pacifique préférait sans doute fuir le danger la plupart du temps.

## FICHE D'IDENTITÉ

Sens du nom : dragon roi
Type d'animal : dinosaure
Famille : pachycéphalosauridés
Lieu de vie : Amérique du Nord
Période : Crétacé supérieur (il y a 69 à 66 millions d'années)
Longueur : 3 mètres
Hauteur : 1,20 mètre
Poids : 100 kilos
Alimentation : feuilles, graines, fruits
Prédateurs : inconnus

À l'âge adulte, le dracorex utilisait peut-être son crâne hérissé pour séduire une femelle.

Le dracorex a été découvert récemment : des paléontologues amateurs ont trouvé des fossiles aux États-Unis en 2006.

Le seul spécimen connu à ce jour porte le nom de *Dracorex hogwartsia*, qui signifie « le dragon roi de Hogwarts », en référence à l'école des sorciers (Hogwarts en anglais, Poudlard en français) dans la saga *Harry Potter*, de J. K. Rowling.

# Le vélociraptor

Ce dinosaure dont la taille ne dépassait pas celle d'une dinde était un chasseur redoutable. Le vélociraptor était capable d'atteindre une vitesse de 60 kilomètres heure, ce qui lui permettait de fondre sur ses proies. Il utilisait ses mains griffues pour les maintenir fermement en place pendant qu'il les tuait avec l'énorme griffe fourchue, en forme de faucille, qu'il possédait sur chaque patte arrière. Il se servait de sa longue queue pour se dresser et se stabiliser pendant qu'il harponnait ses victimes.

À l'image des oiseaux, le vélociraptor avait des plumes sur le corps. Il pondait des œufs et fabriquait probablement des nids pour protéger ses bébés. En revanche, il ne pouvait pas voler.

La queue du vélociraptor représentait la moitié de sa longueur totale. Très rigide, elle lui servait de balancier pour garder l'équilibre quand il courait.

## FICHE D'IDENTITÉ

Sens du nom : voleur rapide
Type d'animal : dinosaure
Famille : droméosauridés
Lieu de vie : Asie centrale
Période : Crétacé supérieur (il y a 74 à 70 millions d'années)
Longueur : 1,80 mètre
Hauteur : 75 centimètres
Poids : 15 à 18 kilos
Alimentation : reptiles, petits dinosaures, amphibiens, insectes, cadavres d'animaux
Prédateurs : protocératops

Le vélociraptor était un chasseur, mais c'était aussi un charognard : il lui arrivait de se nourrir des cadavres abandonnés par d'autres dinosaures.

# Le ptérodactyle

S'il avait des allures de dinosaure, le ptérodactyle était en réalité un reptile volant. Il était doté d'ailes soyeuses, constituées de grandes membranes de peau fine. Elles partaient depuis son quatrième doigt allongé jusqu'aux membres arrière.

## FICHE D'IDENTITÉ

Sens du nom : doigt ailé
Type d'animal : reptile volant
Famille : ptérosaures
Lieu de vie : Europe et Afrique
Période : Jurassique (il y a 150 millions d'années)
Envergure : 1 mètre
Poids : 2 kilos
Alimentation : petits animaux, poissons

Les os des ptérosaures étaient légers, creux et très souples, comme de la paille.

Le ptérodactyle possédait environ 90 dents.

Contrairement aux autres reptiles, le ptérodactyle avait le sang chaud. Sans cela, il n'aurait pas pu voler.

## FICHE D'IDENTITÉ

Sens du nom : aile sans dents
Type d'animal : reptile volant
Famille : ptérosaures
Lieu de vie : Amérique du Nord et Europe
Période : Crétacé supérieur (il y a 85 à 70 millions d'années)
Envergure : 7 mètres
Poids : 15 à 17 kilos
Alimentation : poissons

# Le ptéranodon

À l'image du ptérodactyle, avec lequel on le confond parfois, le ptéranodon était un reptile volant. Contrairement au premier, qui a vécu bien avant lui, il ne possédait pas de dents et était plus grand. Son crâne était surmonté d'une longue et fine crête.

Sa crête servait peut-être de contrepoids à son bec ou de gouvernail pendant le vol, à moins qu'elle n'ait été un élément de séduction pour l'accouplement.

Le ptéranodon pêchait à la manière des pélicans actuels, mais on ne sait pas s'il avait une poche sous le bec.

Les scientifiques pensent que le ptéranodon volait au ras de l'eau pour capturer les poissons avec son bec.

# Le plésiosaure

S'il a vécu du temps des dinosaures, le plésiosaure était une sorte de reptile marin. Il possédait une petite tête, mais un long cou, soutenu par un corps large et robuste, qui lui permettait d'être stable dans l'eau. Ses quatre membres formaient des nageoires puissantes, qu'il utilisait comme des pagaies pour se déplacer. Elle lui permettait d'avancer avec agilité et grâce dans l'eau.

## FICHE D'IDENTITÉ

**Sens du nom :** proche du lézard
**Type d'animal :** reptile marin
**Famille :** plésiosaures
**Lieu de vie :** mers au niveau de l'Europe et de l'Afrique, et le pourtour de l'océan Pacifique
**Période :** du Trias supérieur au Crétacé (il y a 230 à 65 millions d'années)
**Longueur :** 3 à 15 mètres
**Poids :** 500 kilos
**Alimentation :** krill, ammonites, poissons, bélemnites
**Prédateurs :** ichtyosaures

Les narines du plésiosaure étaient placées très en arrière, près des orbites.

Le cou des premiers plésiosaures était assez rigide : il est devenu plus souple au fur et à mesure de l'évolution.

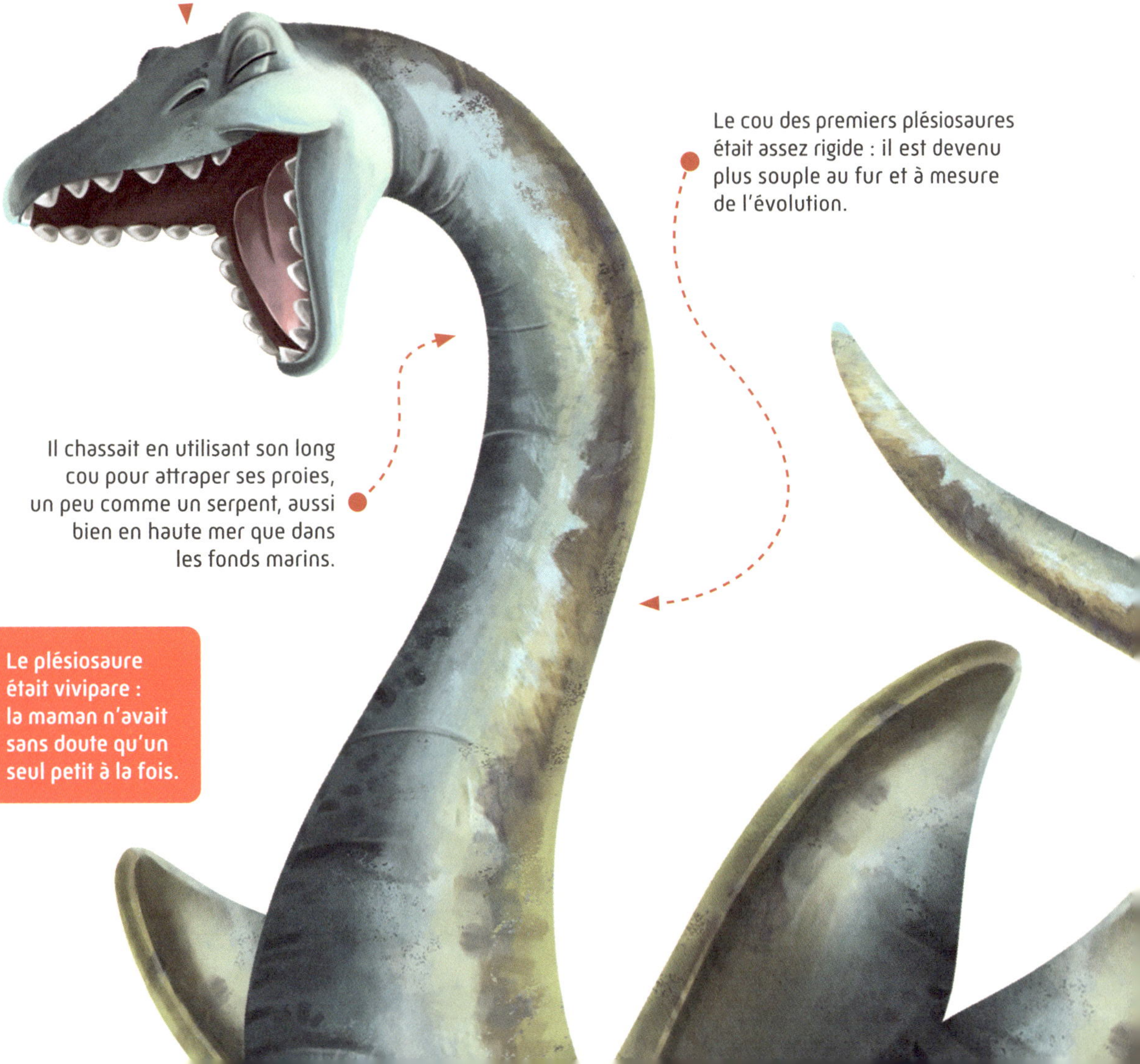

Il chassait en utilisant son long cou pour attraper ses proies, un peu comme un serpent, aussi bien en haute mer que dans les fonds marins.

Le plésiosaure était vivipare : la maman n'avait sans doute qu'un seul petit à la fois.

# LES ANIMAUX DE LA FORÊT

# Le cerf

Les cerfs vivent séparés des biches et de leurs petits la majeure partie de l'année, mais ils retrouvent les femelles en septembre et en octobre, au moment de la période d'accouplement. Ils poussent alors des rugissements graves et rauques appelés « brame » pour intimider les autres mâles et séduire les femelles. Les rivaux s'affrontent dans de violents combats, pendant lesquels ils entrechoquent leurs bois – des sortes de cornes à plusieurs branches – jusqu'à ce que le plus puissant l'emporte.

Les crottes du cerf s'appellent des « fumées » : elles ont souvent une petite pointe.

Seuls les mâles portent une ramure (les bois). Elle peut peser jusqu'à 8 kilos et dépasser 1 mètre d'envergure. Elle tombe chaque année au début du printemps et repousse ensuite.

Un cerf peut faire des bonds de 3 mètres de hauteur et de plus de 10 mètres de longueur.

Le pelage du cerf change en fonction de la saison. L'hiver, il est épais et brun foncé. Au printemps, il s'affine et devient brun-roux.

Le bébé de la biche s'appelle le faon. Le jeune mâle prend ensuite le nom de hère jusqu'à ce que ses bois soient visibles, vers 1 an, puis daguet jusqu'à 2 ans.

## FICHE D'IDENTITÉ

Surnom : seigneur de la forêt
Type d'animal : mammifère
Famille : cervidés
Lieu de vie : grandes forêts, landes, plaines d'Europe
Hauteur: 1,30 à 1,50 mètre au garrot (à la base du cou)
Longueur : 1,60 à 2,50 mètres
Poids : 80 à 250 kilos
Alimentation : herbes, feuilles, bourgeons, jeunes pousses, fruits
Durée de vie : 12 à 18 ans
Prédateurs : loups (p. 28), lynx

Le pelage du faon, appelé la « livrée », est brun clair avec de petites taches blanches.

Les cervidés ont une excellente ouïe et bougent leurs oreilles en permanence, à l'affût du moindre bruit. Ils ont aussi une très bonne vue et un odorat efficace.

La biche porte son bébé pendant 8 mois. Elle donne habituellement naissance à un seul petit par an, entre mai et juin.

Une biche adulte pèse entre 80 et 150 kilos.

**La gestation dure environ 2 mois. La louve donne naissance à 4 à 6 louveteaux, qui viennent au monde aveugles et sans poils. Ils ouvrent les yeux au bout de 10 jours.**

## FICHE D'IDENTITÉ

Nom savant : *Canis lupus*
Type d'animal : mammifère
Famille : canidés
Lieu de vie : forêts et montagnes de l'hémisphère Nord
Hauteur : 60 à 90 centimètres au garrot
Longueur : 1,30 à 1,50 mètre
Poids : 25 à 35 kilos
Alimentation : chevreuils, cerfs (p. 26), élans, moutons (p. 73), lapins (p. 31), rats (p. 77), fruits
Durée de vie : 6 à 8 ans
Prédateurs : lynx, ours (p. 40), grands rapaces pour les plus jeunes

Les loups hurlent pour communiquer leur position entre eux et pour montrer l'union de leur meute.

Un loup peut parcourir 100 kilomètres en une seule journée pour trouver de quoi se nourrir.

L'empreinte du loup est griffue. Elle ressemble à celle d'un gros chien, avec des doigts très écartés.

# Le loup

**Les loups vivent et chassent en groupes de 7 à 12 bêtes appelés « meutes ». Ils sont dirigés par le mâle le plus puissant – le mâle alpha – et sa femelle. Le couple dominant est le seul à pouvoir se reproduire et il reste généralement uni pour la vie. Les autres mâles cherchent parfois à prendre la place du chef. Dans ce cas, les rivaux s'affrontent, tous crocs dehors. Le perdant se place sur le dos, ventre et gorge vers le haut, pour montrer qu'il se soumet, avant de fuir, la queue et les oreilles basses.**

# Le renard

Réputé rusé et intelligent, le renard est capable de s'adapter à de nombreux habitats différents, même à proximité des villes, et de déjouer les pièges des chasseurs. Il habite dans un terrier, généralement creusé par un lapin ou un blaireau. Si on le voit souvent seul, il vit avec sa femelle et 3 à 5 renardeaux. Il marque son territoire en laissant des jets d'urine et des excréments en divers endroits.

Le renard est un omnivore opportuniste. Cela signifie qu'il se nourrit de viande aussi bien que de végétaux en fonction de ce qu'il trouve.

Le renard chasse toute la journée. Grâce à son ouïe très fine, il peut repérer un campagnol à près de 200 mètres.

Le renard peut courir à 60 kilomètres heure !

Autrefois, le renard se nommait « goupil ». Au XII^e^ siècle, le personnage principal du *Roman de Renart* était un goupil du nom de Renart. Le livre a eu tellement de succès que le nom du héros, transformé en « renard », est devenu un nom commun.

## FICHE D'IDENTITÉ

Surnom : rusé des bois
Type d'animal : mammifère
Famille : canidés
Lieu de vie : bois, forêts, montagnes, champs et marais du monde entier
Longueur : 1,20 mètre
Poids : 6 kilos
Alimentation : lapins (p. 31), petits rongeurs, poules (p. 67), perdrix, poissons, fruits
Durée de vie : 2 à 5 ans
Prédateurs : loups (p. 28), lynx, grands rapaces

# L'écureuil roux

L'écureuil est connu pour sa rapidité et son agilité. Ses pattes arrière musclées lui permettent de faire des bonds puissants pour passer d'arbre en arbre et il s'agrippe aux troncs avec ses longues griffes. Sa queue touffue lui sert à la fois de balancier, de gouvernail et même de parachute ou de parasol.

### FICHE D'IDENTITÉ

Autre nom : écureuil d'Eurasie
Type d'animal : mammifère
Famille : sciuridés
Lieu de vie : bois et forêts d'Europe et d'Asie
Taille : 18 à 25 centimètres (sans la queue)
Poids : 300 à 400 grammes
Alimentation : graines, baies, cônes de conifères, fruits à coque
Durée de vie : 2 à 6 ans
Prédateurs : martres, rapaces, pies, chiens (p. 74), chats (p. 76)

En hiver, les oreilles de l'écureuil sont surmontées d'un « pinceau de poils ».

Le nid de l'écureuil, placé en haut des arbres, s'appelle une « hotte ».

Certains écureuils se déplacent en boucles et remarchent sur leurs empreintes pour brouiller les pistes et éviter que les prédateurs ne trouvent leur nid.

### FICHE D'IDENTITÉ

Autre nom : tamia strié
Type d'animal : mammifère
Famille : sciuridés
Lieu de vie : bois et forêts de feuillus d'Amérique du Nord
Taille : 15 centimètres (sans la queue)
Poids : 80 à 100 grammes
Alimentation : graines, racines, fruits, insectes, petits reptiles
Durée de vie : 2 à 3 ans
Prédateurs : rapaces, pies, chats (p. 76), renards (p. 29), belettes, serpents

# Le tamia rayé

Ce petit rongeur se repère à son pelage roux, son ventre blanc et ses bandes noires et blanches parallèles sur le dos. Solitaire, il se fabrique un nid au fond d'un terrier et y hiberne tout l'hiver. C'est là qu'il stocke ses réserves de nourriture.

Le tamia pousse des cris stridents en série quand il est surpris ou quand il croise un intrus sur son territoire.

Le tamia est parfois appelé « suisse » à cause de ses rayures, qui rappellent celles des soldats du Vatican au XVIe siècle.

Contrairement à l'écureuil, le tamia ne grimpe pas aux arbres.

# Le lapin

Le lapin vit en groupe. Il creuse des terriers, dont certains sont complexes et possèdent plusieurs entrées sur un terrain appelé « garenne ». Pour rester en vie, il ne s'éloigne jamais de l'un de ses refuges et se cache presque toute la journée. Il s'active surtout tôt le matin ou au coucher du soleil pour ne pas se faire repérer. En cas de danger, il tape du pied sur le sol pour alerter ses semblables. Il peut aussi rester immobile très longtemps et détaler en zigzag pour dérouter son poursuivant.

Le lapin est de la même famille que le lièvre. Mais ce dernier est plus long et mince, et il a de plus grandes oreilles.

Le lapin mange parfois ses crottes, pour pouvoir récupérer les nutriments des aliments qu'il n'a pas bien digérés la première fois.

Le lapin ne court pas, mais se déplace par bonds successifs plus ou moins grands.

## FICHE D'IDENTITÉ

Ancien nom : conil
Type d'animal : mammifère
Famille : léporidés
Lieu de vie : bois, prairies, haies et bosquets du monde entier
Taille : 38 à 50 centimètres
Poids : 1,5 à 2,5 kilos
Alimentation : herbes, plantes fourragères, écorces
Durée de vie : 2 ans
Prédateurs : serpents, belettes, renards (p. 29), chats (p. 76), rapaces

Une femelle peut avoir 3 à 5 portées par an, et 2 à 10 lapereaux par portée. Les lapins se reproduisent donc très vite et en grand nombre !

# Le raton laveur

On reconnaît le raton laveur au premier coup d'œil à son masque noir entouré de blanc, qui lui donne des airs de voleur. Son pelage est habituellement gris et blanc et sa queue comporte 5 à 10 anneaux noirs ou bruns. Agile, le raton laveur grimpe aux arbres grâce à ses pattes griffues. C'est aussi un bon nageur.

### FICHE D'IDENTITÉ

Nom savant : *Procyon lotor*
Type d'animal : mammifère
Famille : procyonidés
Lieu de vie : bois de feuillus, forêts, marais d'Amérique du Nord et d'Europe, près des cours d'eau
Taille : 40 à 60 centimètres (sans la queue)
Poids : 4 à 9 kilos
Alimentation : insectes, vers, larves, petits animaux d'eau, rongeurs, fruits, baies, fruits à coque
Durée de vie : 2 à 5 ans
Prédateurs : cougars, lynx, coyotes, renards (p. 29), chiens (p. 74), loups (p. 28), hiboux (p. 38)

Il s'engraisse durant l'été et l'automne et cesse de se nourrir pendant l'hiver, où il est presque inactif, même s'il n'hiberne pas.

Le raton laveur frotte sa nourriture entre ses pattes avant de la manger. On a l'impression qu'il la « lave », d'où son nom.

Le « masque » du raton laveur apparaît 10 jours après la naissance, avant même que l'animal n'ouvre les yeux pour la première fois.

# Le blaireau

Contrairement aux autres mustélidés, le blaireau n'est pas un chasseur. Il cherche sa nourriture en fouillant les feuilles mortes ou l'herbe avec son museau. Il creuse le sol avec ses griffes pour déterrer de petites bêtes. Il ne sort de son terrier que la nuit ou au coucher du soleil.

### FICHE D'IDENTITÉ

Nom savant : *Meles meles*
Type d'animal : mammifère
Famille : mustélidés
Lieu de vie : bois, forêts et prairies d'Europe et d'Asie, près de l'eau
Taille : 67 à 80 centimètres
Poids : 9 à 12 kilos
Alimentation : escargots (p. 81), limaces, vers de terre, coléoptères, œufs, reptiles, amphibiens, fruits, baies
Durée de vie : 15 à 20 ans
Prédateurs : renards (p. 29), lynx, aigles (p. 37), hiboux (p. 38), loups (p. 28), chiens (p. 74)

Le blaireau ne fait pas ses besoins dans son terrier. Il creuse des « pots » à l'extérieur pour y déposer ses excréments.

Le terrier du blaireau est souvent constitué de plusieurs chambres et galeries. Il les partage avec d'autres blaireaux, et même d'autres espèces.

Le blaireau ne voit pas très bien, mais il a l'ouïe fine et un très bon odorat.

# La mouffette rayée

Si la mouffette ressemble au blaireau à cause de son corps bas et trapu, et de ses rayures noires et blanches, elle dispose d'une arme redoutable qu'il ne possède pas : en cas d'attaque, elle peut soulever la queue et projeter une substance toxique, appelée « musc », dont l'odeur insupportable éloigne la plupart des prédateurs. Elle sort au coucher du soleil pour chasser : elle se déplace seule et creuse le sol de ses griffes pour déterrer ses proies ou les attrape avec sa gueule.

L'hiver, la mouffette n'hiberne pas, mais somnole la plupart du temps. Elle vit sur ses réserves de graisse.

On confond souvent le putois et la mouffette, mais ils ne sont pas de la même famille. De plus, la mouffette a des rayures noires et blanches alors que le putois est brun.

Les glandes qui sécrètent le musc sont placées au niveau de l'anus.

La mouffette peut projeter son musc jusqu'à 6 mètres de distance.

## FICHE D'IDENTITÉ

Autre nom : bête puante (au Canada francophone)
Type d'animal : mammifère
Famille : mouffettes
Lieu de vie : bois, champs et abords des villes d'Amérique du Nord
Taille : 33 à 45 centimètres (sans la queue)
Poids : 1 à 6 kilos
Alimentation : rongeurs, œufs, insectes, larves, charognes, baies
Durée de vie : 6 à 7 ans
Prédateurs : aigles royaux (p. 37), coyotes, chiens (p. 74), lynx, renards (p. 29)

# La loutre

La loutre est un animal discret et solitaire. Elle a la tête aplatie, avec les yeux, les narines et les oreilles au même niveau. Ainsi, quand elle chasse dans l'eau, seul le haut de sa tête dépasse. Ses narines et ses oreilles se ferment lorsqu'elle est immergée, ce qui bloque son odorat et son ouïe, mais elle dispose de « vibrisses », des moustaches rigides sensibles aux vibrations, qui lui permettent de repérer les proies aux ondulations qu'elles produisent dans l'eau en fuyant.

## FICHE D'IDENTITÉ

Nom savant : *Lutrinae*
Type d'animal : mammifère semi-aquatique
Famille : mustélidés
Lieu de vie : près des rivières et ruisseaux, marais à la limite des arbres d'Europe, d'Asie et d'Amérique du Nord
Longueur : 40 à 80 centimètres
Poids : 8 à 11 kilos
Alimentation : poissons, batraciens, écrevisses, insectes, mollusques, petits rongeurs, reptiles
Durée de vie : 5 à 10 ans
Prédateurs : loups (p. 28), coyotes, lynx

C'est une grande gourmande : elle peut manger jusqu'à 1 kilo de nourriture par jour, soit un dixième de son poids.

La loutre a une fourrure dense et épaisse : composée de 60 000 à 80 000 poils par centimètre carré, elle est imperméable et maintient la chaleur de son corps.

Grâce à ses pattes palmées, la loutre est une excellente nageuse. Elle passe ses journées à chasser et à jouer dans l'eau.

Le terrier de la loutre s'appelle une « catiche ». L'entrée se trouve souvent sous l'eau et il y a un conduit d'aération pour qu'elle puisse respirer.

# Le castor

Ce gros rongeur est un bâtisseur infatigable : à l'aide de ses dents puissantes, il se construit généralement une hutte, appuyée à la rive d'un cours d'eau, à partir de branchages maintenus ensemble par de la boue. Souvent composée de 2 chambres, la hutte peut mesurer 2 mètres de hauteur et 12 mètres de diamètre à la base. Le castor en bâtit parfois une version flottante si la berge n'est pas adaptée. Il réalise aussi des digues et des barrages afin qu'il y ait une profondeur d'eau suffisante pour que l'entrée du logis soit toujours immergée.

## FICHE D'IDENTITÉ

Surnom : ingénieur des rivières
Type d'animal : mammifère semi-aquatique
Famille : castoridés
Lieu de vie : cours d'eau en bordure de forêts d'Amérique du Nord et d'Europe du Nord
Longueur : 75 à 100 centimètres
Poids : 20 à 30 kilos
Alimentation : écorces, feuilles, rameaux, fruits, herbes
Durée de vie : 10 à 20 ans
Prédateurs : loups (p. 28), coyotes, ours (p. 40)

Le castor vit en famille avec ses petits et ceux des portées précédentes. Les jeunes quittent la famille au bout de 2 ans.

La femelle est dominante. C'est elle qui choisit l'emplacement des constructions à venir et qui prend les décisions.

Le castor est le plus gros rongeur d'Europe.

En une année, une famille de 8 castors peut abattre plusieurs centaines d'arbres. Après leur passage, il ne reste plus qu'une souche et quelques copeaux de bois.

La queue ovale du castor est large et aplatie. Il ne s'en sert pas pour construire des barrages mais comme gouvernail quand il nage.

# Le pic-vert

Le pic-vert fait partie de la famille des pics, des oiseaux qui « piquent » le tronc des arbres avec leur bec. Ils agissent ainsi pour chercher de la nourriture, se construire un abri ou encore communiquer avec d'autres oiseaux de leur espèce. Le pic-vert doit la deuxième partie de son nom à son plumage vert-jaune.

### FICHE D'IDENTITÉ

Autres noms : pivert, oiseau de la pluie
Type d'animal : oiseau
Famille : pics
Lieu de vie : forêts claires, bois, clairières, haies et vergers d'Europe de l'Ouest
Taille : 30 à 35 centimètres
Envergure : 40 à 45 centimètres
Poids : 150 à 220 grammes
Alimentation : surtout des fourmis (p. 82) et leurs larves, vers de terre, mais aussi graines, baies et fruits
Durée de vie : 7 à 12 ans
Prédateurs : chats (p. 76), rapaces

Le pic-vert pousse des « kiak kiak kiak » répétés qui ressemblent à un long ricanement. On dit qu'il picasse.

Cet oiseau possède une longue langue collante, qui lui sert notamment à attraper les fourmis dont il se nourrit.

Le pic-vert creuse son nid dans un tronc d'arbre mort ou à bois tendre grâce à son bec. Il lui faut plusieurs jours pour le fabriquer.

### FICHE D'IDENTITÉ

Nom savant : *Erithacus rubecula*
Type d'animal : oiseau
Famille : oiseaux chanteurs
Lieu de vie : forêts, bois et haies d'Europe
Longueur : 13 à 14 centimètres
Envergure : 20 à 22 centimètres
Poids : 20 grammes
Alimentation : insectes, larves, araignées, baies, graines
Durée de vie : 2 à 3 ans
Prédateurs : chats (p. 76), rapaces, fouines

# Le rouge-gorge

Comme son nom l'indique, le rouge-gorge a la poitrine rouge-orange. Elle lui sert à intimider ses adversaires. En effet, cet oiseau a beau être petit et rondelet, il surveille jalousement son territoire. Ses « tick, tick, tick » furieux suffisent généralement à éloigner les intrus.

Le rouge-gorge est le seul oiseau qui continue de chanter l'hiver.

Le rouge-gorge est de la même famille que les merles, les rossignols et les grives.

Lors de la saison froide, il se protège en gonflant ses plumes : il crée ainsi un coussin d'air isolant.

# L'aigle royal

Grand prédateur, l'aigle royal chasse de jour, pour bien discerner ce qu'il se passe au sol de ses yeux perçants, mais aussi pour profiter des courants d'air chaud ascendants. Il plane dans le ciel et, dès qu'il a repéré une proie, il fond sur elle en piqué et la saisit avec ses serres puissantes. Il la tue et déchiquette ensuite la chair avec son bec crochu. L'hiver, quand la nourriture est plus rare sur son territoire, il se contente souvent de cadavres d'animaux.

Pendant la parade nuptiale, au début de l'hiver, le couple fait des acrobaties aériennes spectaculaires en alternant les montées en spirale, les piqués et les retournements.

Le plumage de l'aigle royal est brun foncé, mais il a la tête et le cou blond-roux. C'est pour cela qu'on l'appelle parfois « aigle doré ».

La femelle pond 1 à 3 œufs par an. Elle les couve pendant 40 jours environ, tandis que le mâle chasse et défend le territoire.

Le mâle et la femelle bâtissent leur nid ensemble, le plus souvent sur une paroi rocheuse, dans un endroit caché et difficile d'accès. Le nid s'appelle l'« aire ».

## FICHE D'IDENTITÉ

Surnoms : roi des oiseaux, aigle doré
Type d'animal : oiseau
Famille : rapaces
Lieu de vie : montagnes et forêts d'altitude de l'hémisphère Nord
Taille : 76 à 89 centimètres
Envergure : 2,10 à 2,30 mètres pour les femelles, 1,85 à 2,10 mètres pour les mâles
Poids : 3 à 6 kilos
Alimentation : lièvres, lapins (p. 31), écureuils (p. 30), marmottes, faisans, jeunes chamois, charognes
Durée de vie : 25 ans
Prédateurs : aucun

# Le hibou

Ce rapace commence à s'activer après le coucher du soleil. Il s'élance dans un vol agile et totalement silencieux à la recherche de ses proies. Il est doté de grands yeux, mais ceux-ci sont fixes. Quand il entend un bruit, il est capable de tourner la tête en faisant presque un tour complet, sans bouger son corps. Son cri – un « hou hou » très reconnaissable – s'entend à des kilomètres. Il lui sert à prévenir les intrus qu'ils se trouvent sur son territoire.

Les 2 petites touffes de plumes qu'il porte sur la tête s'appellent des aigrettes. Elles ne servent pas à entendre, mais à exprimer son humeur. Elles se dressent quand il est stressé, par exemple.

Le plumage du hibou est le plus souvent brun, avec des taches qui lui permettent de se camoufler dans le paysage.

Comme l'aigle royal, le hibou est un superprédateur. Cela veut dire qu'il n'a pas de prédateur naturel... en dehors des êtres humains.

Le hibou avale ses proies toutes entières. Quelques heures plus tard, il crache une boule formée des os et des poils qu'il n'a pas digérés. Ce sont des « pelotes de réjection ».

## FICHE D'IDENTITÉ

Surnom : roi de la nuit
Type d'animal : oiseau
Famille : rapaces
Lieu de vie : forêts, montagnes et prairies du monde entier
Taille : 20 à 70 centimètres
Envergure : 50 centimètres à 2 mètres
Poids : 300 grammes à 4 kilos
Alimentation : campagnols, rats (p. 77), souris (p. 77), renardeaux (p. 29), lièvres, oiseaux, mais aussi serpents, poissons, chauves-souris (p. 39)
Durée de vie : 10 à 20 ans
Prédateurs : aucun

# FICHE D'IDENTITÉ

Surnom : vampire
Type d'animal : mammifère
Famille : chiroptères
Lieu de vie : forêts et grottes partout dans le monde, sauf dans les régions polaires
Taille : 15 centimètres à 1,50 mètre
Poids : 2 à 900 grammes
Alimentation : feuilles, pollen, fruits, moustiques, araignées, insectes
Durée de vie : 15 ans
Prédateurs : rapaces, serpents, chats (p. 76)

Beaucoup de chauves-souris hibernent. Leur température corporelle baisse alors de plus de 20 °C ! D'autres migrent vers une région plus chaude.

On ne sait pas exactement pourquoi la chauve-souris porte ce nom : en effet, elle n'est pas chauve – son corps est recouvert de poils – et ce n'est pas un rongeur non plus.

Seules certaines chauves-souris d'Amérique du Sud sucent le sang. Les autres ne méritent pas leur réputation de vampires et sont inoffensives.

La femelle chauve-souris a habituellement un seul bébé par an. Elle l'allaite et le porte accroché sur son ventre.

# La chauve-souris

La chauve-souris n'est pas un oiseau, mais le seul mammifère capable de voler. Elle se déplace la nuit à la recherche de nourriture et se repère grâce aux ultrasons qu'elle émet : quand les ondes rencontrent un obstacle, l'écho lui revient aux oreilles et elle peut alors se diriger vers sa proie. Elle vit dans les endroits sombres : dans des arbres creux, mais aussi souvent dans les grottes ou même les tas de bois. Elle dort, suspendue par les griffes, la tête en bas, toute la journée.

Ce mammifère possède une bosse composée de muscles au-dessus des épaules. Elle lui permet d'avoir encore plus de force dans ses pattes avant.

Cet animal marche à 4 pattes, mais il peut se dresser sur ses pattes arrière quand il est menacé. Il peut même faire quelques pas debout.

L'ours a souvent les dents abîmées, parce qu'il aime beaucoup manger des fruits, des baies et du miel, gorgés de sucre.

L'ours a un très bon odorat. C'est son sens le plus développé. Il a aussi l'ouïe fine. En revanche, il voit très mal. Ses tout petits yeux ne lui permettent pas de reconnaître un objet ou un animal à plus de 15 mètres de distance.

# L'ours brun

**Cet imposant mammifère est un grand solitaire. Le mâle ne va à la rencontre des autres ours qu'au printemps et en été, afin d'affronter les autres mâles dans des combats violents pour gagner les faveurs des femelles. Aussitôt après l'accouplement, il repart, laissant la mère seule porter les oursons puis s'en occuper. Les petits restent avec elle en permanence pendant toute la première année, puis prennent peu à peu leur indépendance. Ils partent vers l'âge de 3 ans.**

## FICHE D'IDENTITÉ

Surnom : roi des forêts
Type d'animal : mammifère
Famille : ursidés
Lieu de vie : forêts et montagnes d'Europe, d'Asie et d'Amérique du Nord
Taille : 1,50 à 3,80 mètres
Poids : 90 à 750 kilos pour le mâle, 45 à 350 kilos pour la femelle
Alimentation : surtout fruits, baies, racines et champignons, mais aussi poissons, rongeurs, moutons (p. 73), miel
Durée de vie : 20 à 30 ans
Prédateurs : aucun

Les oursons naissent en janvier, dans la tanière. À la naissance, ils sont aveugles et nus. Ils ne mesurent pas plus de 25 centimètres. Quand ils quittent leur abri pour la première fois, à 4 mois, ils pèsent 5 à 6 kilos.

L'ours brun creuse une tanière pour y passer l'hiver. Il fait aussi des réserves de graisse pour subsister et peut grossir du tiers de son poids.

Les poils de l'ours brun, longs et raides, sont imperméables. Selon les régions, ils peuvent être d'une couleur crème à brun foncé.

Il ne faut pas se fier à l'apparence lourde et placide de l'ours. À 4 pattes, il peut courir jusqu'à 50 kilomètres heure.

Ses griffes mesurent 10 centimètres. Elles lui servent à creuser sa tanière, à couper des végétaux, ainsi qu'à griffer ses rivaux ou ses proies.

À la naissance, le bébé panda pèse 100 grammes. À un mois, il atteint 1 kilo et à 1 an, 35 kilos ! Il sait marcher à l'âge de 5 mois.

Le panda ne possède pas de tanière. Il se met à l'abri dans le creux des arbres ou des roches.

Les yeux du panda sont encerclés de fourrure noire, ce qui donne l'impression qu'ils sont beaucoup plus grands qu'en réalité.

Le panda adore se suspendre aux branches ou faire des roulades sur le sol, mais il aime encore plus rester étendu sans rien faire sur un matelas de bambous.

# Le panda géant

À l'état sauvage, cet ours noir et blanc ne se trouve plus que dans les hautes montagnes du sud-ouest de la Chine. En voie de disparition, il est aujourd'hui très protégé. De nature tranquille, le panda passe 12 à 14 heures par jour à se nourrir de tiges et de feuilles de bambou. Il peut en avaler jusqu'à 20 kilos par jour ! Il est ainsi quasiment végétarien, même s'il peut se laisser tenter par des insectes, de petits oiseaux ou des rats morts de temps à autre.

## FICHE D'IDENTITÉ

Sens du nom : grand chat-ours
Type d'animal : mammifère
Famille : ursidés
Lieu de vie : bambouseraies de Chine et forêts de conifères
Taille : 1,50 à 1,80 mètre
Poids : 75 à 160 kilos
Alimentation : essentiellement des bambous, parfois œufs, insectes, petits mammifères
Durée de vie : 20 à 30 ans
Prédateurs : panthères (p. 86), tigres (p. 88), loups (p. 28)

# Le koala

**Avec sa tête ronde, son corps trapu et ses oreilles arrondies, le koala ressemble à un ourson, mais il est en fait de la même famille que le kangourou. Il se trouve uniquement en Australie. C'est un excellent grimpeur, qui reste perché toute la journée dans les eucalyptus, dont il mange les feuilles. Il en avale 1 kilo par jour ! C'est aussi dans ces arbres qu'il dort, près de 20 heures par jour, roulé en boule sur une branche, contre le tronc.**

## FICHE D'IDENTITÉ

Surnom : paresseux australien
Type d'animal : mammifère
Famille : marsupiaux
Lieu de vie : forêts d'eucalyptus d'Australie
Taille : 60 à 80 centimètres
Poids : 4 à 15 kilos
Alimentation : feuilles d'eucalyptus
Durée de vie : 10 à 12 ans
Prédateurs : dingos, pythons (p. 90), aigles (p. 37), varans

*Koala* est un mot d'origine aborigène – les premiers habitants de l'Australie – signifiant « qui ne boit pas ». Cet animal trouve de l'eau dans les feuilles d'eucalyptus, et parfois dans la rosée.

**Le bébé koala ne boit que du lait pendant 6 mois. Ensuite, sa maman lui donne une bouillie composée de feuilles à moitié digérées.**

Le koala ne descend à terre que pour rejoindre un arbre qu'il ne peut pas atteindre en sautant. Au sol, il est en danger : c'est le seul moment où des prédateurs peuvent l'atteindre !

La maman koala possède une poche sur le ventre. Elle y abrite son bébé pendant les 6 premiers mois, puis le porte en alternance dans sa poche et sur son dos jusqu'à ce qu'il ait 1 an.

# LES ANIMAUX DE LA SAVANE

# Le lion

Réputé pour sa puissance, le lion est pourtant un grand paresseux. Il passe plus de 20 heures par jour à ne rien faire ! Ce sont en effet les femelles qui chassent la plupart du temps. En revanche, une fois la proie tuée, c'est le mâle le plus fort qui se sert en premier. Les autres mâles et les femelles viennent après, puis les jeunes et les lionceaux. Le roi des animaux ne chasse que quand la faim l'y oblige. Dans ce cas, il peut même dérober une carcasse à des hyènes plutôt que rechercher sa nourriture lui-même.

Le lion mâle est le seul félin à posséder une crinière. Elle commence à pousser vers l'âge de 2 ans. Elle le protège des coups de patte de ses rivaux pendant les combats.

**Les lions sont les seuls félins à vivre en groupe. Cette bande, appelée une « troupe », contient le plus souvent 15 à 20 animaux.**

Pour être rassasié, un lion doit manger 7 kilos de viande par jour. Une lionne se contente de 5 kilos par jour.

**Chaque troupe occupe un territoire. Il peut couvrir 20 à 400 kilomètres carrés selon la quantité de proies disponibles.**

## FICHE D'IDENTITÉ

Surnom : roi des animaux
Type d'animal : mammifère
Famille : félins
Lieu de vie : savanes africaines, nord-ouest de l'Inde
Hauteur : 75 centimètres à 1 mètre
Longueur : 1,60 à 2 mètres
Poids : 110 à 215 kilos
Alimentation : gazelles (p. 51), zèbres (p. 49), gnous (p. 50), phacochères (p. 55), antilopes, oiseaux
Durée de vie : 7 à 20 ans
Prédateurs : aucun

**Après 14 semaines de gestation, la femelle donne naissance à 2 à 4 lionceaux. Ils sont ensuite soignés par leur mère ou bien par une tante, indifféremment.**

Pour tuer leurs proies, les femelles se jettent sur elles et les mordent à la nuque ou à la gorge.

La queue du mâle mesure 90 centimètres ; celle de la femelle, 85 centimètres.

À la naissance, le lionceau fait la taille d'un chat et est couvert de petites taches brunes.

À partir de 3 mois, les lionceaux se mettent à suivre les lionnes pour apprendre à traquer le gibier en les observant. Ils ne sauront chasser qu'à 2 ans.

La girafe possède des « ossicônes » sur la tête : des sortes de cornes recouvertes de poils. Elles peuvent mesurer jusqu'à 25 centimètres de long.

La langue de la girafe mesure 50 centimètres ! Noire et gluante, elle peut se faufiler et s'enrouler entre les épines d'acacia pour atteindre les feuilles les plus tendres.

## FICHE D'IDENTITÉ

Surnom : sentinelle des savanes
Type d'animal : mammifère
Famille : giraffidés
Lieu de vie : savanes, forêts ouvertes et prairies d'Afrique
Taille : 4 à 5,80 mètres
Poids : 750 kilos à 2 tonnes
Alimentation : feuilles et bourgeons d'acacia, écorces, fruits
Durée de vie : 15 ans
Prédateurs : lions (p. 46), hyènes (p. 59), panthères (p. 86), crocodiles

**La maman girafe met bas debout : le girafon fait alors une chute de plus de 1 mètre ! Mais une demi-heure plus tard, il peut déjà se dresser sur ses pattes.**

La girafe dort moins de 2 heures par jour. Mais elle peut somnoler debout, les yeux ouverts, pendant plusieurs minutes d'affilée.

# La girafe

**La girafe est le plus grand animal terrestre. Ses pattes mesurent 2 mètres et son cou atteint près de 3 mètres. Elle n'a pourtant pas plus de vertèbres qu'une souris, mais ses os font 40 centimètres chacun ! Son cou gigantesque lui permet d'atteindre les plus hautes feuilles des arbres, dont elle se nourrit. Boire est un peu plus difficile : la girafe doit écarter ses pattes avant et pencher le cou jusqu'au point d'eau. Heureusement, elle trouve la majorité du liquide dont elle a besoin dans son alimentation.**

# Le zèbre

Le zèbre est le cousin africain du cheval. Il est reconnaissable aux bandes noires et blanches qui recouvrent tout son corps. Les rayures de chaque zèbre sont uniques, aucun autre n'a les mêmes, un peu comme nos empreintes digitales. Elles leur servent sans doute à se reconnaître entre eux, à perturber la vue de leurs prédateurs et à éviter des piqûres d'insectes. Il existe 3 grandes espèces de zèbres : le zèbre des plaines (le plus répandu), le zèbre des montagnes et le zèbre de Grévy.

## FICHE D'IDENTITÉ

Surnoms : cheval en pyjama, cheval tigre
Type d'animal : mammifère
Famille : équidés
Lieu de vie : vastes plaines et montagnes d'Afrique centrale et de l'Est
Hauteur : 1,10 à 1,50 mètre
Longueur : 2,20 à 3 mètres
Poids : 120 à 280 kilos
Alimentation : herbes, feuilles, écorces
Durée de vie : 20 à 30 ans
Prédateurs : lions (p. 46), hyènes (p. 59), guépards, panthères (p. 86), lycaons

La femelle donne naissance à un petit tous les 2 ans. La gestation dure 1 an.

Le zèbre peut courir de 30 à 40 kilomètres heure sur de longues distances. Au galop, il atteint 60 kilomètres heure et il peut même faire des pointes à 80 kilomètres heure. Pratique pour échapper aux prédateurs !

Les sabots du zèbre sont une arme très efficace. Ses ruades sont plus puissantes que celles d'un cheval et il peut briser la mâchoire d'un fauve d'un coup de sabot.

La famille d'un zèbre se compose d'un mâle adulte – l'étalon –, d'une ou plusieurs juments et de leurs poulains. Ces derniers quittent le groupe entre l'âge de 1 et 4 ans ; les autres restent ensemble jusqu'à leur mort.

# Le gnou

Le gnou vit en immenses troupeaux, surtout dans les réserves du Kenya et de Tanzanie. Deux fois par an, presque 1 million de bêtes partent ensemble pour une marche spectaculaire de parfois plusieurs milliers de kilomètres à la recherche de plaines humides, riches en herbes. Le parcours est difficile et beaucoup de gnous meurent en chemin. Le passage des rivières est le plus périlleux : affolées, les bêtes tombent à l'eau, poussées par les autres. Elles sont alors des proies faciles pour les prédateurs.

La femelle du gnou s'appelle la maroufle, et le petit, le gaou.

Toutes les femelles du troupeau donnent naissance aux petits en même temps, dans un espace découvert. Près de 500 000 petits gnous naissent en 3 semaines.

Le gnou est un animal bruyant. Il pousse en permanence une sorte de beuglement qui fait « guh-nou ». Cela lui a valu son nom, donné par des nomades.

Pour échapper à un poursuivant, le gnou peut détaler à 80 kilomètres heure, et même à 100 kilomètres heure sur de courtes distances.

## FICHE D'IDENTITÉ

Nom savant : *Connochaetes taurinus*
Type d'animal : mammifère
Famille : bovidés
Lieu de vie : savanes herbeuses d'Afrique de l'Est et du Sud
Hauteur : 1,15 à 1,45 mètre au garrot
Longueur : 1,80 à 2,40 mètres
Poids : 120 à 220 kilos
Alimentation : herbes
Durée de vie : 20 ans
Prédateurs : hyènes (p. 59), lions (p. 46), crocodiles, vautours (p. 60), panthères (p. 86), lycaons

# La gazelle

Avec sa silhouette fine et élancée, la gazelle de Thomson est taillée pour la course. Grâce à ses pattes très fines et longues, elle peut courir jusqu'à 90 kilomètres heure. Pour échapper à ses prédateurs, elle se déplace en zigzag ou en ligne droite et prend des virages très serrés. Elle est aussi capable de faire des sauts de 2 mètres de hauteur et de 6 mètres de longueur : en cas de danger, tout le troupeau s'enfuit en faisant de grands bonds.

La gazelle a une vue perçante et une ouïe très fine. Ses sens lui permettent de s'échapper à l'approche d'un prédateur.

**Pour marquer leur territoire, les mâles adultes déposent de l'urine et des crottes en différents endroits et laissent aussi des larmes sur les herbes.**

Les cornes du mâle peuvent mesurer jusqu'à 40 centimètres de longueur. Les femelles ont des cornes plus courtes ou, parfois, n'en ont pas.

**Les gazelles suivent les zèbres et les gnous au moment de leur migration. Elles broutent les pousses qu'ils ont laissées au ras du sol.**

## FICHE D'IDENTITÉ

Surnom : Thommie
Type d'animal : mammifère
Famille : bovidés
Lieu de vie : savanes d'Afrique de l'Est
Hauteur : 60 à 80 centimètres au garrot
Longueur : 90 centimètres à 1,30 mètre
Poids : 20 à 30 kilos
Alimentation : herbes courtes, feuillage, pousses de graminées, fruits
Durée de vie : 10 ans
Prédateurs : lions (p. 46), hyènes (p. 59), lycaons, panthères (p. 86)

# Le rhinocéros

Ce mastodonte de la savane est le deuxième plus grand mammifère terrestre après l'éléphant. Malgré son aspect massif, il peut courir à 50 kilomètres heure quand il charge ! Il est célèbre pour les deux cornes qu'il possède sur son museau. Elles sont constituées de kératine, la même matière que les ongles ou les sabots. La plus longue, à l'avant, peut mesurer jusqu'à 1 mètre. Elles lui servent surtout à fouiller le sol ou à déraciner des plantes et, moins souvent, à se battre contre d'autres mâles.

Le rhinocéros possède une peau très épaisse, ridée et résistante, qui le protège des blessures et du soleil.

En Afrique, on trouve le rhinocéros noir et le rhinocéros blanc. On distingue ce dernier non pas par sa couleur, mais par sa lèvre carrée et large, qu'il utilise pour attraper les branches épineuses des arbres et en avaler les feuilles.

Les rhinocéros sont victimes de braconnage à cause de leurs cornes, recherchées pour leurs prétendues vertus médicinales. Pour cette raison, ceux d'Afrique font aujourd'hui partie des espèces protégées.

Le rhinocéros conserve toujours le même territoire, dans une zone où il y a une mare ou des marécages. Il accepte que d'autres animaux les partagent.

## FICHE D'IDENTITÉ

Surnom : titan des savanes
Type d'animal : mammifère
Famille : rhinocérotidés
Lieu de vie : savanes, forêts tropicales, zones marécageuses d'Afrique et d'Asie
Hauteur : 1,50 à 1,80 mètre au garrot
Longueur : 2,80 à 4 mètres
Poids : 800 kilos à 2,3 tonnes
Alimentation : herbes, feuilles, branches, fruits
Durée de vie : 35 ans
Prédateurs : lions (p. 46) et hyènes (p. 59) pour les jeunes

## FICHE D'IDENTITÉ

Surnom : géant des savanes
Type d'animal : mammifère
Famille : éléphantidés
Lieu de vie : savanes, forêts tropicales, déserts et zones marécageuses d'Afrique
Hauteur : 3 à 4 mètres
Longueur : 7 mètres
Poids : 4 à 6 tonnes
Alimentation : feuilles, herbes, fruits, écorces
Durée de vie : 60 à 70 ans
Prédateurs : lions (p. 46), surtout pour les jeunes

Les oreilles de l'éléphant d'Afrique sont plus longues que celles de l'éléphant d'Asie. Elles lui servent à se ventiler pour se rafraîchir.

Sa trompe, longue de 2 mètres, lui est utile pour boire, cueillir des fruits et des feuilles, et se laver. Il l'emploie aussi pour s'asperger de boue ou de poussière, ou pour lancer des cailloux à ses ennemis.

Les défenses sont les incisives de sa mâchoire supérieure. Elles pèsent 20 à 40 kilos. Hélas, les éléphants sont victimes de braconnage car elles se revendent à prix d'or.

L'éléphante donne naissance à 1 éléphanteau tous les 4 ans, après l'avoir porté pendant 22 mois. Le nouveau-né pèse 100 kilos et mesure 90 centimètres.

# L'éléphant d'Afrique

L'éléphant d'Afrique est le plus grand animal terrestre. Pour être rassasié, il doit manger près de 150 kilos de plantes par jour et boire 80 litres d'eau. Il peut parcourir 50 kilomètres par jour à la recherche de nourriture. On le reconnaît à ses grandes oreilles, mesurant 1,5 mètre de long sur 1,2 mètre de largeur et à sa trompe, qui réunit son nez et sa lèvre supérieure. Il vit en troupeau, appelé aussi parade, dirigé par une matriarche, la femelle la plus âgée du groupe. Elle guide le groupe et transmet son savoir à ses descendants.

# L'hippopotame

Cet animal impressionnant passe la majeure partie de sa journée dans l'eau des mares ou des fleuves. Ses oreilles, ses yeux et ses narines sont situés sur le dessus de sa tête : il peut ainsi rester immergé tout en respirant et en surveillant les environs. Il faut cependant se méfier de son calme apparent, car il défend vigoureusement son territoire et attaque tout ce qu'il perçoit comme une menace. Il peut provoquer des blessures graves, voire la mort de ses adversaires, avec ses dents et sa mâchoire puissante.

## FICHE D'IDENTITÉ

Surnoms : géant des rivières, roi du fleuve
Type d'animal : mammifère
Famille : hippopotamidés
Lieu de vie : fleuves, lacs et marécages d'Afrique
Hauteur : 1,30 à 1,50 mètre au garrot
Longueur : 3 à 5 mètres
Poids : 1,5 à 3 tonnes
Alimentation : herbes, plantes aquatiques
Durée de vie : 40 à 50 ans
Prédateurs : lions (p. 46), crocodiles pour les jeunes

L'hippopotame n'a quasiment pas de poils sur la peau et n'est donc pas protégé du soleil. C'est pour cela qu'il reste dans l'eau ou à l'ombre la plupart du temps.

Ce mammifère peut ouvrir très largement sa gueule et laisser apparaître des dents mesurant jusqu'à 50 centimètres. Il fait souvent cela pour impressionner les autres mâles avant de se battre.

L'hippopotame sort après le coucher de soleil en quête de pâturages : un adulte peut manger jusqu'à 35 kilos d'herbes en une nuit.

Malgré ses pattes courtes et son corps massif, l'hippopotame est un très bon nageur. Il peut aussi rester sous l'eau pendant 5 minutes.

# Le phacochère

Chez les phacochères, les mâles sont solitaires, mais les femelles vivent en groupe, avec leurs petits. Ils dorment dans des terriers, dont ils n'hésitent pas à déloger d'autres animaux pour se les approprier. On reconnaît ces cochons sauvages à leur crinière et à leurs impressionnantes canines recourbées vers le haut. Celles-ci leur servent à creuser la terre à la recherche de nourriture, mais aussi à se prémunir des attaques. Ils sont d'ailleurs connus pour se protéger farouchement.

Les défenses des phacochères mesurent 25 centimètres en moyenne. Chez les plus âgés, elles atteignent parfois 60 centimètres.

Cet animal possède un odorat très fin. Avec son groin, il peut repérer de la nourriture de loin, même si elle est sous la terre.

Le phacochère plie les pattes pour boire ou brouter de l'herbe. On a l'impression qu'il se met à genoux.

En cas de danger, il est capable de détaler à plus de 50 kilomètres heure.

## FICHE D'IDENTITÉ

Surnom : sanglier des savanes
Type d'animal : mammifère
Famille : porcins
Lieu de vie : savanes et prairies d'Afrique
Hauteur : 75 centimètres au garrot
Longueur : 1,60 mètre
Poids : 75 à 100 kilos
Alimentation : herbes, baies, écorces, racines, petits animaux, œufs, insectes
Durée de vie : 15 ans
Prédateurs : fauves, hyènes (p. 59), rapaces, pythons (p. 90)

# Le mandrill

Très présent dans la savane africaine, le mandrill vit en harem, c'est-à-dire qu'un mâle a plusieurs femelles, mais il n'est pas territorial pour autant. Parfois, différents harems chevauchent le même territoire, composant des « troupes » de plusieurs centaines de singes. Les mandrills sont très sociables et communiquent souvent avec leurs semblables en bougeant la queue et en poussant des cris. Ils passent du temps au sol, à chercher de la nourriture, et ne montent aux arbres que le soir, pour dormir, ou pour se mettre à l'abri d'un prédateur.

Les singes passent beaucoup de temps à s'épouiller les uns les autres : cela renforce les liens entre les membres de la troupe.

Le mandrill possède des abajoues – des poches situées entre la joue et la mâchoire – dans lesquelles il stocke de la nourriture.

Cet animal a un museau très allongé qui ressemble à celui d'un chien.

Sa queue ne mesure pas plus de 15 centimètres.

Souvent confondu avec le babouin, le mandrill a la particularité d'avoir la face bleue soulignée par des rayures. Il a aussi le nez rouge et une collerette de poils blancs. Le babouin, lui, est le plus souvent gris.

## FICHE D'IDENTITÉ

Surnom : roi des singes
Type d'animal : mammifère
Famille : cercopithécidés
Lieu de vie : savanes, forêts et montagnes tropicales d'Afrique de l'Ouest
Taille : 50 à 95 centimètres
Poids : 10 à 40 kilos
Alimentation : fruits, graines, feuilles, insectes, petits mammifères
Durée de vie : 15 à 20 ans
Prédateurs : lions (p. 46), panthères (p. 86), rapaces

## FICHE D'IDENTITÉ

Nom savant : *Pan troglodytes*
Type d'animal : mammifère
Famille : hominidés
Lieu de vie : forêts tropicales et savanes d'Afrique centrale
Taille : 1 mètre
Poids : 30 à 70 kilos
Alimentation : fruits, feuilles, graines, insectes, œufs, petits mammifères
Durée de vie : 30 à 40 ans
Prédateurs : panthères (p. 86), pythons (p. 90), crocodiles

**Le chimpanzé dort chaque soir dans un nid différent, qu'il aménage tout en haut d'un arbre à partir de branchages.**

Le chimpanzé a les bras plus longs que les jambes.

Pour se déplacer, le chimpanzé marche habituellement à 4 pattes, mais il est aussi capable de se tenir debout, comme un être humain.

Il a un pouce à chaque main et à chaque pied. Il s'en sert pour attraper les éléments dont il a besoin ou pour grimper aux arbres.

# Le chimpanzé

Comme le mandrill, le chimpanzé vit en groupes. Ceux-ci se nomment « communautés » et contiennent une centaine d'individus. Ce singe est connu pour être très intelligent. Il est capable de s'associer à d'autres membres du clan pour chasser ou attaquer d'autres groupes et il sait également utiliser des outils pour se nourrir. Il peut par exemple utiliser un bâton pour faire sortir des fourmis de leurs trous ou casser des noix avec un caillou. Les chimpanzés communiquent entre eux par des gestes, des sons et des mimiques.

# Le suricate

Les suricates vivent en groupes d'environ 30 animaux, où chacun tient une fonction précise à tour de rôle. Ils sont presque toujours actifs ! Certains sont des gardiens : ils se dressent sur leurs pattes arrière pour surveiller les environs et avertir les autres par un cri d'alarme quand un ennemi s'approche. D'autres sont chargés de créer des terriers souterrains, où tous s'abritent la nuit pour dormir. Ceux qui restent ont pour mission de chasser ou de garder les bébés du groupe.

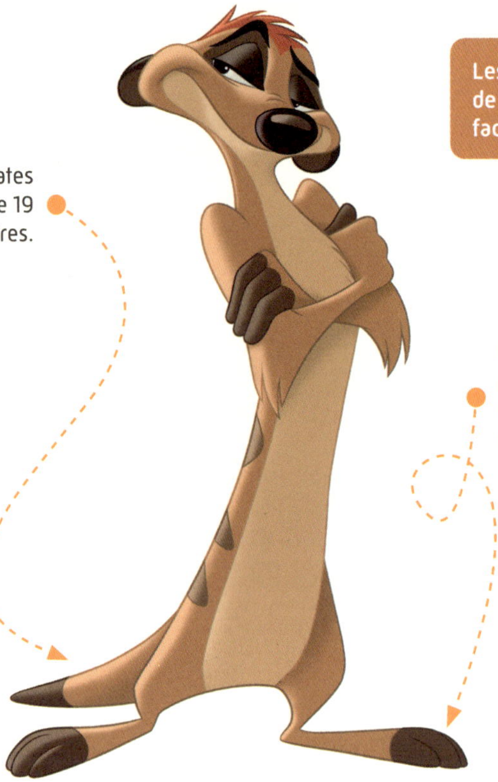

Les suricates aiment prendre des bains de soleil. Ils se dressent tous les matins face à l'astre pour se réchauffer.

La queue des suricates mesure entre 19 et 25 centimètres.

Les suricates ont des griffes puissantes, qui leur permettent de creuser le sol pour s'abriter et pour se nourrir.

Les groupes de suricates s'appellent des colonies.

Timon, dans *Le Roi Lion*, est souvent qualifié de mangouste, mais c'est simplement parce qu'un suricate est un type de mangouste.

## FICHE D'IDENTITÉ

Surnom : sentinelle du désert
Type d'animal : mammifère
Famille : mangoustes
Lieu de vie : savanes et déserts d'Afrique du Sud-Ouest
Taille : 25 à 29 centimètres
Poids : 600 grammes à 1 kilo
Alimentation : insectes, scorpions, rats (p. 77), souris (p. 77), oiseaux, lézards, œufs, fruits, graines, etc.
Durée de vie : 10 ans
Prédateurs : rapaces, serpents

# La hyène

La hyène est une charognarde : elle se nourrit des restes d'animaux tués par d'autres prédateurs. Mais elle est aussi une chasseuse experte, qui agit en bande. Accompagnée d'une dizaine d'autres hyènes, elle peut encercler un gnou et le mordre jusqu'à ce qu'il s'effondre. Elle est connue pour son cri désagréable, qui ressemble à un ricanement. Elle le pousse à la saison des amours, avant de partir à la chasse ou en cas d'attaque. Le son peut être entendu à une distance de 1 kilomètre à la ronde.

## FICHE D'IDENTITÉ

Surnom : chien rieur
Type d'animal : mammifère
Famille : hyénidés
Lieu de vie : savanes, plaines et forêts ouvertes d'Afrique
Hauteur : 77 à 81 centimètres au garrot
Longueur : 95 à 165 centimètres
Poids : 40 à 85 kilos
Alimentation : antilopes, zèbres (p. 49), gnous (p. 50), phacochères (p. 55), restes de proies abandonnées
Durée de vie : 12 ans
Prédateurs : lions (p. 46), panthères (p. 86), lycaons

Le pelage de la hyène peut être rayé ou tacheté. Il est de couleur brun-beige.

La hyène a un appétit d'ogre : elle peut avaler jusqu'à 14 kilos de nourriture en une seule fois.

Ses mâchoires sont si puissantes qu'elle peut broyer les os des animaux qu'elle mange et les avaler en même temps que la viande.

La hyène vit en meute et l'individu dominant est le plus souvent une femelle. Ce statut de cheffe se transmet de mère en fille.

Le vautour possède une tête chauve et un cou sans plume : cela lui permet de rester propre quand il dévore un cadavre.

Le vautour a une vue excellente : grâce à elle, il est capable de repérer une carcasse à des kilomètres de distance.

Quand un vautour repère un animal mort, il fait de grands cercles dans le ciel pour indiquer aux autres l'emplacement de la nourriture.

Contrairement aux autres rapaces, les vautours ne possèdent pas de serres. Comme ils mangent des animaux morts, ils n'en ont pas besoin pour tuer leurs proies.

# Le vautour

Le vautour est un charognard nécrophage : il se nourrit presque uniquement de cadavres d'animaux. Lorsqu'il chasse, il tournoie pendant des heures dans le ciel, porté par les courants d'air chaud, à la recherche d'animaux morts ou gravement blessés. Plusieurs vautours se partagent souvent la même carcasse. Si cette attitude peut paraître repoussante, elle a un intérêt pour l'environnement : elle élimine de façon naturelle les cadavres des gros animaux et évite la transmission de maladies.

## FICHE D'IDENTITÉ

Surnom : nettoyeur du ciel
Type d'animal : oiseau
Famille : accipitridés
Lieu de vie : savanes, prairies herbeuses, marécages et bois clairs d'Afrique
Taille : 80 centimètres à 1,15 mètre
Envergure : 1,50 à 2,90 mètres
Poids : 3 à 9 kilos
Alimentation : cadavres d'autres animaux
Durée de vie : 15 à 25 ans
Prédateurs : autres rapaces, hyènes (p. 59), chacals, serpents

# Le flamant rose

Les flamants roses vivent en groupes appelés colonies, qui regroupent parfois des milliers d'oiseaux. Ils s'installent autour des plans d'eau où les crustacés dont ils se nourrissent sont nombreux, dans des lieux difficiles d'accès pour les prédateurs. Pour manger, ils utilisent leur bec courbé afin de filtrer l'eau et d'attraper des organismes minuscules. Les flamants roses migrent quand leur point d'eau habituel est asséché, mais aussi pour trouver un endroit sûr où faire leur nid.

## FICHE D'IDENTITÉ

Nom savant : *Phoenicopterus roseus*
Type d'animal : oiseau
Famille : flamants
Lieu de vie : lacs salés et marais des espaces ouverts, comme les savanes et les steppes d'Afrique
Taille : 1,20 à 1,45 mètre
Poids : 2 à 4 kilos
Alimentation : algues, petits crustacés et invertébrés aquatiques
Durée de vie : 20 à 30 ans
Prédateurs : aigles (p. 37), vautours (p. 60), hyènes (p. 59), chacals, crocodiles

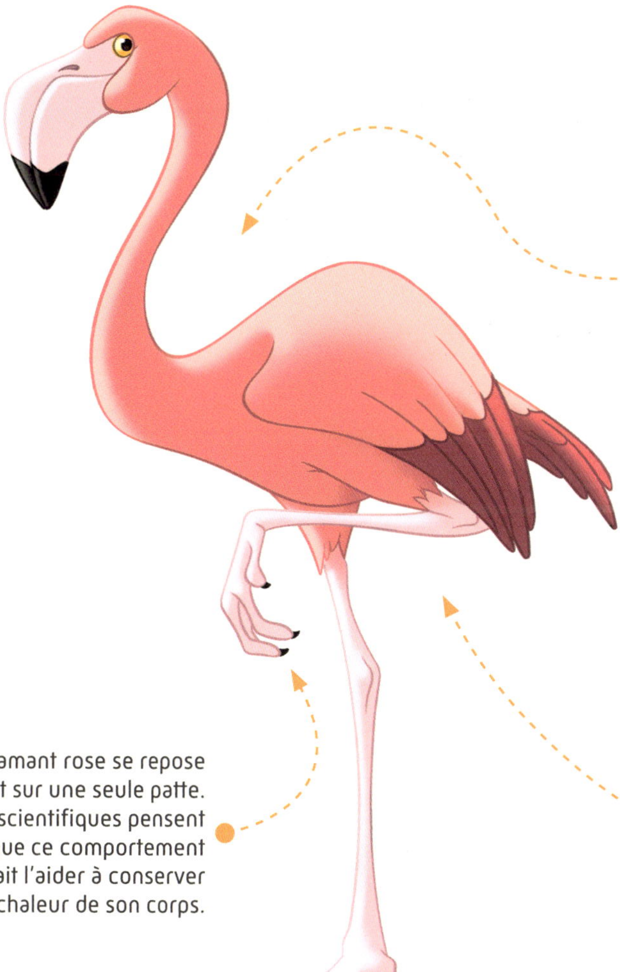

Le flamant rose doit sa couleur à son alimentation : les crevettes et les algues dont il se nourrit sont riches en pigments, qui colorent ses plumes.

Les flamants roses construisent des nids en forme de petits tas de boue pour protéger leurs œufs. Les parents se relaient pour couver.

Le flamant rose se repose souvent sur une seule patte. Les scientifiques pensent que ce comportement pourrait l'aider à conserver la chaleur de son corps.

À cause de sa grande taille, le flamant rose doit prendre plusieurs mètres d'élan pour décoller des eaux et s'envoler.

# L'autruche

L'autruche est l'oiseau le plus grand du monde. Elle est aussi le plus rapide : avec ses petites ailes et son gros corps, elle est incapable de voler, mais quand elle court, elle peut atteindre une vitesse de 70 kilomètres heure. Elle vit en petits groupes et se mêle souvent à des troupeaux de zèbres ou d'antilopes. Elle ne migre pas comme certains oiseaux, mais se déplace souvent sur de longues distances pour trouver à boire et à manger.

Les autruches avalent des pierres pour aider à broyer la nourriture dans leur gésier.

Les autruches ne mettent pas vraiment la tête dans le sable en cas de danger ; elles se contentent de baisser le cou pour se dissimuler, surtout quand elles couvent.

Les pattes de l'autruche sont très longues, musclées et puissantes. Elle n'a que 2 doigts à chaque patte.

Les femelles d'un groupe pondent leurs œufs dans le même nid, creusé à même le sol par le mâle. Cela leur permet de protéger plus facilement les œufs des prédateurs.

Les œufs des autruches sont énormes. Ils peuvent peser jusqu'à 1,4 kilo. Ils éclosent au bout de 42 jours environ et les poussins grandissent très vite.

## FICHE D'IDENTITÉ

Nom savant : *Struthio camelus*
Type d'animal : oiseau
Famille : struthionidés
Lieu de vie : savanes, déserts et zones arides d'Afrique
Taille : 2,10 à 2,70 mètres
Poids : 90 à 130 kilos
Alimentation : graines, feuilles, fruits, insectes, petits animaux
Durée de vie : 40 à 45 ans
Prédateurs : lions (p. 46), hyènes (p. 59), panthères (p. 86), guépards, chacals, rapaces

## FICHE D'IDENTITÉ

Nom savant : *Tockus erythrorhynchus* (pour le calao à bec rouge)
Type d'animal : oiseau
Famille : bucérotidés
Lieu de vie : savanes, forêts et broussailles d'Afrique centrale et de l'Est
Taille : 42 à 50 centimètres
Poids : 140 à 240 grammes
Alimentation : insectes, petits reptiles, fruits, graines, parfois petits mammifères
Durée de vie : 10 à 15 ans
Prédateurs : serpents, aigles (p. 37), faucons

# Le calao

**Les calaos sont très sociaux. Ils vivent souvent en couple ou en petits groupes familiaux. Pour nicher, la femelle s'enferme dans la cavité d'un arbre et scelle l'entrée avec de la boue, laissant juste une petite ouverture. Le mâle lui apporte de la nourriture, ainsi qu'aux poussins, à travers ce trou.**

Le calao utilise son bec pour attraper des proies, mais aussi pour communiquer avec les autres oiseaux de son espèce et pour effectuer la parade nuptiale.

Il possède un cri très particulier, qui ressemble à un rire ou à un cliquetis.

Les calaos se toilettent régulièrement les uns les autres pour renforcer leurs liens.

# Le tisserin gendarme

**Les tisserins sont surtout connus pour leurs nids complexes : à partir de brins d'herbe et de feuilles, les mâles « tissent » un nid suspendu qui ressemble à une bouteille retournée. Ils y attirent les femelles en chantant et en battant des ailes. Si la femelle n'aime pas le nid, le mâle le détruit et en construit un nouveau.**

Les mâles ont des plumes jaunes brillantes et une tête noire ou rouge pour attirer les femelles.

Très sociaux, les tisserins passent beaucoup de temps à communiquer entre eux par des chants et des cris.

Les tisserins gendarmes vivent en grands groupes appelés colonies.

## FICHE D'IDENTITÉ

Nom savant : *Ploceus cucullatus*
Type d'animal : oiseau
Famille : plocéidés
Lieu de vie : savanes, forêts et zones agricoles d'Afrique centrale et du Sud
Taille : 15 à 17 centimètres
Poids : 30 à 50 grammes
Alimentation : graines, céréales, fruits, insectes
Durée de vie : 5 à 10 ans
Prédateurs : serpents, aigles (p. 37), faucons

# LES ANIMAUX DE LA CAMPAGNE

# Le canard

**Le canard a été domestiqué il y a des milliers d'années et est souvent présent dans les basses-cours, mais on le trouve aussi facilement à l'état sauvage. Dans ce cas, il vit généralement en grands groupes appelés « vols ». Ils forment des liens étroits avec les autres canards de leur espèce et communiquent entre eux par des vocalisations. Si certains canards sauvages sont sédentaires, beaucoup migrent sur de longues distances pour trouver un lieu où passer l'hiver et un endroit sûr pour se reproduire.**

Le canard se nourrit en picorant sa nourriture au sol et dans l'eau. Il est capable de filtrer l'eau pour capturer de petits organismes.

**Pour communiquer, les mâles émettent des sifflements. Les femelles lancent des « coin-coin » caractéristiques.**

Ce canard est un colvert : seuls les mâles ont la tête verte qui leur a donné leur nom. Les femelles sont brunes et tachetées.

**La femelle pond généralement entre 7 et 13 œufs. La période d'incubation est de 28 jours.**

## FICHE D'IDENTITÉ

Nom savant : *Anas platyrhynchos*
Type d'animal : oiseau aquatique
Famille : anatidés
Lieu de vie : fermes, mais aussi lacs, étangs, rivières, marais et parcs du monde entier
Taille : 50 à 65 centimètres
Poids : 700 grammes à 1,6 kilo
Alimentation : graines, plantes aquatiques, petits poissons, insectes, crustacés, petits amphibiens
Durée de vie : 5 à 10 ans
Prédateurs : renards (p. 29), rapaces, grands poissons, serpents, tortues, mammifères aquatiques

# Le coq

Dans la basse-cour, le coq vit en troupeaux avec les poules. Le groupe est très hiérarchisé et il en est le chef : il est chargé de protéger ses membres et de faire régner l'ordre. Il a aussi un rôle reproducteur, mais il ne s'occupe pas des poussins.

### FICHE D'IDENTITÉ

Surnom : roi de la basse-cour
Type d'animal : oiseau
Famille : phasianidés
Lieu de vie : fermes et jardins du monde entier, parfois en milieu sauvage
Taille : 50 à 70 centimètres
Poids : 2,5 à 4 kilos
Alimentation : grains de céréales, insectes, petits invertébrés, légumes, restes de nourriture
Durée de vie : 5 à 10 ans
Prédateurs : renards (p. 29), chiens (p. 74), rapaces, serpents, rats (p. 77)

Le coq possède des plumes colorées et éclatantes. Il a aussi une crête sur la tête et des barbillons sous le bec.

Le coq a des ergots derrière les pattes. Ils lui servent d'armes pour se défendre face à d'autres mâles ou pour les impressionner.

Le coq lance des « cocorico » le matin pour marquer son territoire et communiquer avec le troupeau.

# La poule

Souvent présentes en grand nombre dans les basses-cours, les poules pondent des œufs tous les jours ou presque. Elles couvent pendant 21 jours, jusqu'à la naissance des poussins. La poule s'occupe de ses poussins, les réchauffe sous ses ailes et leur apprend à picorer.

### FICHE D'IDENTITÉ

Surnom : cocotte
Type d'animal : oiseau
Famille : phasianidés
Lieu de vie : fermes et jardins du monde entier, parfois en milieu sauvage
Taille : 40 à 50 centimètres
Poids : 1,5 à 3,5 kilos
Alimentation : grains de céréales, insectes, petits invertébrés, légumes, restes de nourriture
Durée de vie : 5 à 10 ans
Prédateurs : renards (p. 29), chiens (p. 74), rapaces, serpents, rats (p. 77)

Les poules communiquent entre elles en caquetant pour signaler la présence de nourriture ou d'un danger.

Elle utilise ses griffes pour gratter le sol à la recherche de nourriture.

# Le cheval

On dit parfois du cheval que c'est « la plus belle conquête de l'homme ». En effet, il est utilisé depuis des siècles pour les déplacements, le transport de marchandises, la chasse, la guerre et le labour. Aujourd'hui, on l'emploie encore beaucoup pour l'agriculture dans certaines parties du monde, mais en Occident, il est plutôt dressé pour l'équitation. La plupart des chevaux sont domestiqués, mais il reste encore quelques races à l'état sauvage. Ceux-là vivent en troupeaux dominés par un étalon : c'est lui qui se reproduit.

Le cheval a un angle de vue de 340 degrés, mais il a deux angles morts : l'un pile en face de lui et le second juste derrière. En revanche, il voit bien de nuit.

Le cheval a une excellente mémoire et de très bonnes capacités d'apprentissage.

On dit parfois que le cheval a un sixième sens, qui lui permet d'anticiper le danger ou un changement météorologique.

Un poney est tout simplement un cheval de petite taille : il mesure moins de 1,48 mètre. Il a généralement une crinière plus épaisse et un corps plus trapu.

La durée de gestation est de 11 mois. La jument donne naissance à une pouliche ou à un poulain et n'a le plus souvent qu'un seul petit à la fois.

Les sabots du cheval sont constitués de corne. Ils poussent sans cesse, comme nos ongles.

Les oreilles du cheval sont un bon indice de son humeur : s'il les pointe en avant, cela signifie qu'il est concentré et attentif. En revanche, s'il les penche en arrière, cela indique un inconfort (colère, stress, peur, douleur...).

## FICHE D'IDENTITÉ

Nom savant : *Equus caballus*
Type d'animal : mammifère
Famille : équidés
Lieu de vie : prés, pâturages, prairies, écuries du monde entier
Hauteur : 1,50 à 1,80 mètre au garrot
Poids : 400 à 600 kilos
Alimentation : herbes, foin, céréales
Durée de vie : 25 à 30 ans
Prédateurs : loups (p. 28), et grands félins dans certaines régions
Risques : maladies, parasites

Son pelage s'appelle la « robe ». La plus répandue est dite « alezan » ; elle correspond à un corps et un crin marron. Il y a aussi bai, noir, gris, blanc, pie, etc.

Le cheval est capable de bloquer les articulations de ses jambes pour dormir debout. Pour un sommeil profond, il peut s'allonger s'il se sent en sécurité.

**Un poulain est capable de se dresser sur ses 4 pattes et de marcher 1 heure après sa naissance.**

# L'âne

**L'âne est de la même famille que le cheval, mais il s'en distingue notamment par sa taille plus réduite et ses longues oreilles. Il a été domestiqué dès l'Égypte antique et a longtemps été utilisé pour transporter du matériel et des marchandises, et pour les travaux agricoles. Il a la réputation d'être têtu, mais c'est surtout une bête prudente, qui peut refuser d'effectuer une tâche qu'il juge dangereuse, peu importe l'insistance de son maître.**

L'âne est capable de porter des charges allant jusqu'à 40 kilos sur de longues distances. Il peut ainsi accompagner les randonneurs et transporter toutes leurs affaires.

Les oreilles de l'âne peuvent pivoter à 180 degrés, indépendamment l'une de l'autre. Il a une ouïe très fine.

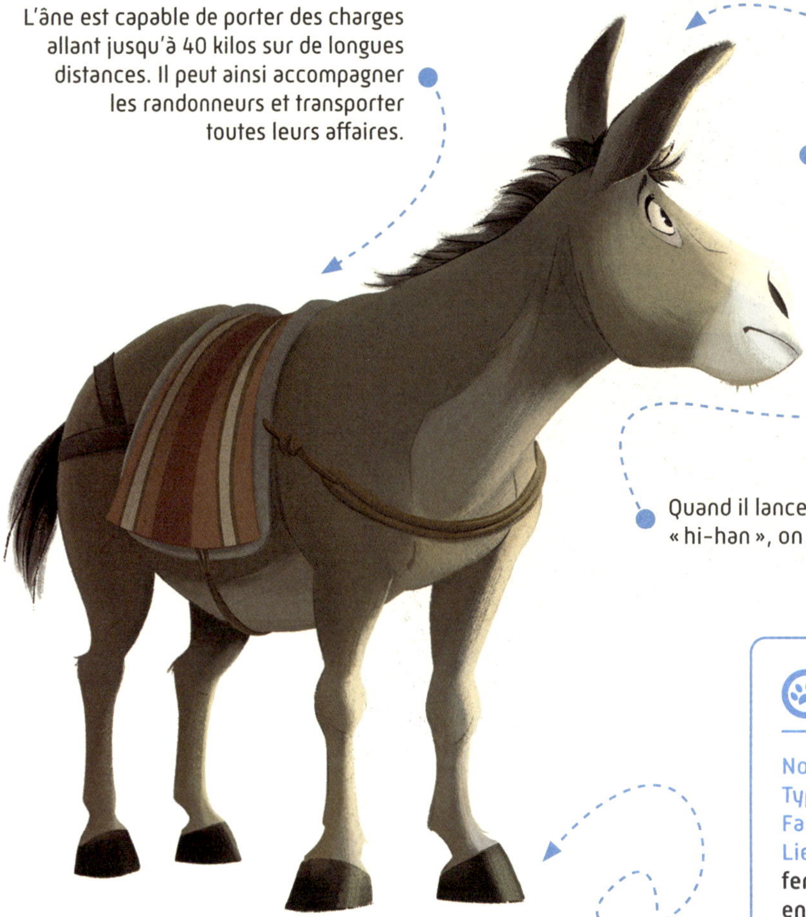

Quand il lance son célèbre « hi-han », on dit qu'il brait.

Comme le cheval, l'âne peut se déplacer selon 3 allures : au pas, au trot ou au galop.

Lorsqu'une jument s'accouple avec un âne, elle peut donner naissance à un mulet ou une mule. Si une ânesse se reproduit avec un cheval, elle met bas à un bardot.

## FICHE D'IDENTITÉ

Nom savant : *Equus asinus*
Type d'animal : mammifère
Famille : équidés
Lieu de vie : prés, pâturages, fermes, écuries du monde entier
Hauteur : 1 à 1,40 mètre au garrot
Poids : 80 à 400 kilos
Alimentation : herbes, foin, paille, végétaux
Durée de vie : 40 à 50 ans
Prédateurs : loups (p. 28), grands félins dans certaines régions
Risques : maladies, parasites

# La vache

Domestiquée depuis 10 000 ans, la vache est élevée dans le monde entier pour son lait et sa viande. Elle a la particularité d'avoir 4 estomacs. Cela l'aide à digérer l'herbe qu'elle mange : elle la mastique et l'avale à plusieurs reprises. C'est ce qu'on appelle la rumination. Ce processus l'occupe pendant un tiers de sa journée. Elle passe un autre tiers à brouter – elle peut avaler 70 kilos d'herbe par jour – et le reste à se reposer ou à interagir avec les autres vaches.

## FICHE D'IDENTITÉ

Nom savant : *Bos taurus*
Type d'animal : mammifère
Famille : bovidés
Lieu de vie : prairies, pâturages, fermes, étables du monde entier
Hauteur : 1,40 à 1,50 mètre au garrot
Poids : 600 kilos à 1 tonne
Alimentation : herbes, foin, maïs, céréales
Durée de vie : 15 à 20 ans
Prédateurs : loups (p. 28), ours (p. 40)
Risques : maladies, parasites

Le mâle de la vache est le taureau. Son bébé s'appelle le veau, qu'il soit mâle ou femelle. Le bœuf est un mâle « castré », c'est-à-dire qu'on lui a retiré les organes lui permettant de se reproduire.

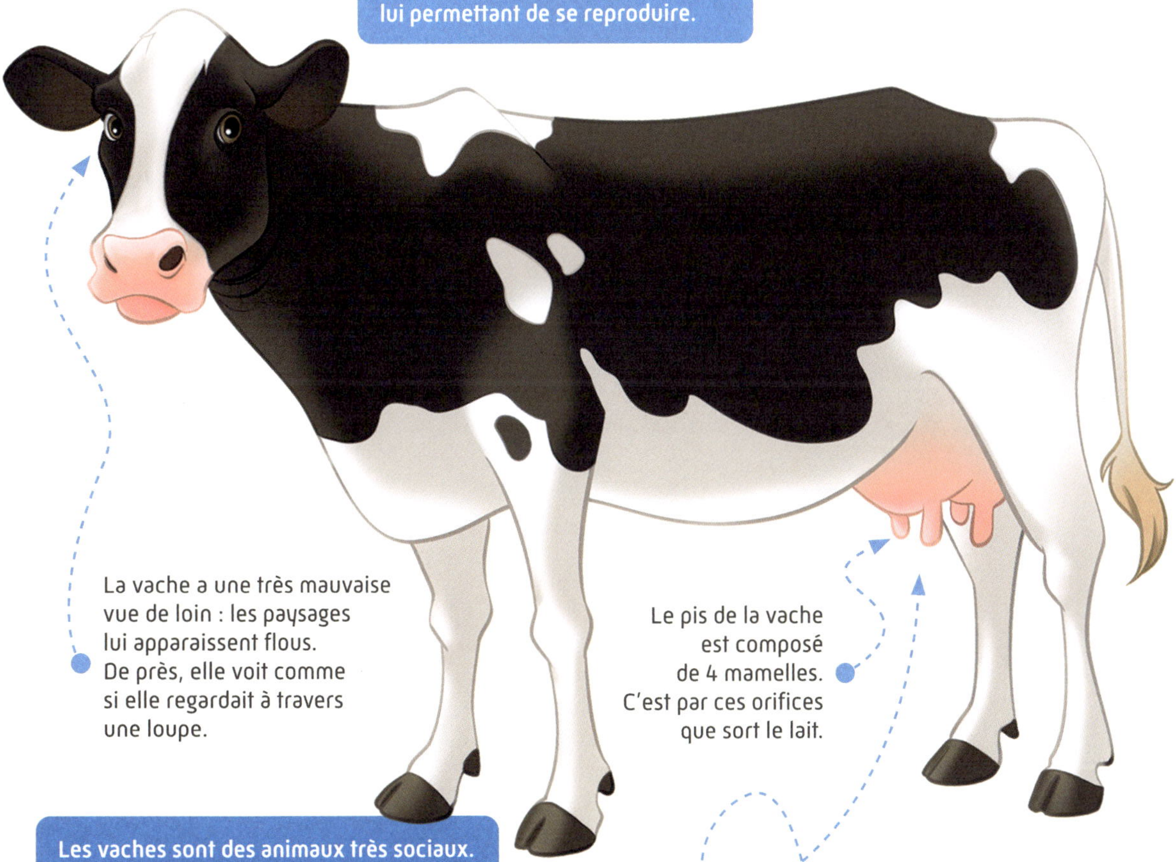

La vache a une très mauvaise vue de loin : les paysages lui apparaissent flous. De près, elle voit comme si elle regardait à travers une loupe.

Le pis de la vache est composé de 4 mamelles. C'est par ces orifices que sort le lait.

Les vaches sont des animaux très sociaux. Elles vivent en troupeaux et aiment passer du temps ensemble. Elles communiquent entre elles en meuglant, en se léchant et en se frottant.

Une vache laitière produit environ 10 litres de lait par jour. La traite s'effectue 2 fois par jour.

Le cochon est connu pour être très intelligent. Il a une excellente mémoire, est capable de reproduire le comportement d'un autre cochon et il peut aussi jouer des tours à un camarade pour qu'il ne trouve pas ses réserves de nourriture.

Cet animal a l'odorat extrêmement fin. Il est capable de repérer les truffes – des champignons très prisés – enfouies dans le sol à l'aide de son groin.

Le cochon peut courir à 45 kilomètres heure. Il est même capable de nager.

Le cochon possède un petit estomac, ce qui l'oblige à se nourrir souvent et en petites quantités : c'est pour cela qu'on a l'impression qu'il est toujours en train de manger.

# Le cochon

**Domestiqué dès 7 000 ans av. J.-C. en Europe, le cochon est un proche parent du sanglier. S'il en reste quelques-uns à l'état sauvage, la plupart des cochons vivent aujourd'hui dans des fermes, où on les élève pour leur chair, mais aussi pour leurs poils et leur peau, qui servent à fabriquer des pinceaux et des vêtements. Ils ont la réputation d'être sales, car ils aiment prendre des bains de boue. Mais cette habitude leur permet en réalité de se rafraîchir et de se protéger du soleil, ainsi que des parasites comme les tiques ou les poux.**

## FICHE D'IDENTITÉ

Autre nom : porc
Type d'animal : mammifère
Famille : porcins
Lieu de vie : fermes d'élevage, prés
Longueur : 90 centimètres à 1,80 mètre
Poids : 120 kilos
Alimentation : céréales, racines, tubercules, baies, vers de terre, escargots (p. 81), restes de nourriture
Durée de vie : 10 à 15 ans
Risques : maladies, parasites

# Le mouton

Domestiqué il y a près de 10 000 ans au Moyen-Orient, le mouton est aujourd'hui élevé pour sa viande, sa graisse, sa peau et sa laine, utilisée pour la confection de textiles. Le lait de brebis (la femelle du mouton) est aussi prisé pour la fabrication de fromages. Ce mammifère se nourrit d'herbe, qu'il broute au ras du sol dans les lieux où la végétation est maigre, comme les landes ou les champs après les récoltes. Il « nettoie » ainsi les sols en les débroussaillant au fur et à mesure qu'il change de pâturage.

**FICHE D'IDENTITÉ**

Nom savant : *Ovis aries*
Type d'animal : mammifère
Famille : bovidés
Lieu de vie : fermes, bergeries, prés, pâturages, landes du monde entier
Longueur : 1 à 1,30 mètre
Poids : 50 à 150 kilos
Alimentation : herbes
Durée de vie : 10 à 12 ans
Prédateurs : loups (p. 28), coyotes, rapaces, renards (p. 29), ours (p. 40), lynx, pumas
Risques : maladies, parasites

Le mouton, comme la vache, est un ruminant : il broute l'herbe, la mâche, l'avale, puis la régurgite pour la mastiquer de nouveau.

Les pupilles du mouton sont horizontales, ce qui lui donne un champ de vision très large. Il peut ainsi voir derrière lui sans tourner la tête.

**Le cri est différent selon qu'il s'agit d'une femelle ou d'un mâle. Le bélier, c'est-à-dire un mouton destiné à la reproduction, blatère, tandis que la brebis bêle.**

On tond le mouton à la fin du printemps. Sa toison repousse ensuite : ainsi, il n'a pas froid quand l'hiver revient.

**Le mouton vit en troupeau et a l'habitude de suivre celui qui les dirige sans résister. Cela facilite le travail du chien de berger, qui peut les amener facilement vers un nouveau pâturage ou vers la bergerie.**

# Le chien

Le chien descend du loup : toutes les races actuelles sont issues d'un même groupe de louves d'Asie, qui ont été domestiquées par l'homme il y a plus de 15 000 ans. Il existe aujourd'hui près de 350 espèces différentes de chiens dans le monde, aux caractéristiques physiques très variées. Les fonctions aussi varient beaucoup : on distingue les chiens de compagnie, les chiens de berger, les chiens de garde, les sauveteurs, les chiens d'arrêt, les chiens de traîneau, etc.

Selon la race, une chienne peut avoir 2 à 12 chiots par portée. Elle les allaite pendant environ 7 semaines.

Le chien distingue mal les couleurs, mais il perçoit en revanche très bien les mouvements. Il a une bonne vision de nuit.

La chienne ne peut concevoir des petits que quand elle est « en chaleur », à peu près 2 fois par an.

Le flair du chien est exceptionnel comparé à l'odorat humain. C'est pour cela qu'on l'utilise pour retrouver des personnes disparues ou pour détecter des substances.

## FICHE D'IDENTITÉ

Surnom : **meilleur ami de l'homme**
Type d'animal : **mammifère**
Famille : **canidés**
Lieu de vie : **foyers domestiques du monde entier. Forêts, zones urbaines et déserts pour les chiens sauvages**
Hauteur : **15 à 90 centimètres au garrot**
Poids : **1 à 90 kilos**
Alimentation : **viande, pâtées, légumes, céréales, croquettes**
Durée de vie : **10 à 15 ans**
Prédateurs : **loups (p. 28), coyotes**
Risques : **maladies, parasites**

Le chien a une ouïe extrêmement fine. Il perçoit des sons que l'homme est incapable de détecter et capte même des ultrasons.

**Le dingo, qui vit en Australie, est un chien domestiqué qui est retourné à l'état sauvage.**

**Le plus petit chien du monde est le chihuahua. Il mesure seulement 15 centimètres. À l'inverse, le dogue allemand peut atteindre 90 centimètres et peser plus lourd qu'un homme.**

Le chien utilise souvent sa queue pour exprimer ses émotions. Quand il la remue, c'est qu'il est content ou excité. S'il a la queue basse, cela signifie qu'il a peur ou qu'il est stressé.

Sous les pattes, le chien dispose de coussinets, qui facilitent la marche et la course sur différentes surfaces.

# Le chat

Le chat a été domestiqué au Moyen-Orient il y a environ 9 000 ans et il était vénéré dans l'Égypte antique. Il est aujourd'hui majoritairement présent dans les foyers des humains et apprécie leur compagnie. Mais, à la différence du chien, il reste très indépendant. C'est un animal territorial : le mâle marque son espace en répandant de l'urine et en griffant, tandis que les femelles se frottent contre les objets pour les imprégner de leur odeur.

Les pupilles du chat forment une fente le jour mais, la nuit, elles se dilatent et deviennent presque rondes, ce qui lui permet de voir très bien dans l'obscurité.

Le chat peut miauler jusqu'à 100 fois par jour pour exprimer ses besoins aux humains (faim, envie de sortie, etc.). Quand il est heureux et se sent en sécurité, il ronronne.

Le chat possède des griffes rétractiles, ce qui signifie qu'il peut les rentrer quand il n'en a pas besoin. Elles lui permettent de grimper et de chasser efficacement.

À l'image de son cousin le lion, le chat dort beaucoup : de 12 à 16 heures par jour.

Un chat est capable de sauter jusqu'à 6 fois sa hauteur.

### FICHE D'IDENTITÉ

Nom savant : *Felis catus*
Type d'animal : mammifère
Famille : félins
Lieu de vie : foyers domestiques, forêts, champs, zones urbaines et rurales du monde entier
Hauteur : 23 à 25 centimètres au garrot
Longueur : 46 centimètres sans la queue
Poids : 3 à 7 kilos
Alimentation : viande, poissons, croquettes, pâtées, souris (p. 77), oiseaux, insectes
Durée de vie : 12 à 15 ans
Prédateurs : grands rapaces, chiens (p. 74), coyotes
Risques : parasites, maladies

# Le rat

Le terme « rat » désigne de nombreuses espèces de rongeurs différentes qui ont pour point commun d'avoir une longue queue sans poils, un museau pointu, des dents tranchantes et des oreilles rondes. Tous sont réputés intelligents et capables de s'adapter à des environnements très différents.

### FICHE D'IDENTITÉ

Nom savant : *Rattus*
Type d'animal : rongeur
Famille : muridés
Lieu de vie : partout dans le monde, dans les égouts, rivières, champs, bois, greniers, arbres selon les espèces
Longueur : 15 à 30 centimètres
Poids : 100 à 500 grammes
Alimentation : surtout graines et fruits, mais aussi champignons, insectes, déchets alimentaires
Durée de vie : 1,5 à 2 ans
Prédateurs : rapaces, chats (p. 76), renards (p. 29), serpents

Rémy, dans *Ratatouille*, est un rat des villes, ou rat brun. Le rat des champs est plus élancé.

Les rats se reproduisent très vite : une rate peut avoir 10 bébés par portée et 5 portées par an !

La queue du rat est souvent plus longue que son corps. Elle peut mesurer de 19 à 26 centimètres.

# La souris grise

Plus petite que le rat, la souris grise possède habituellement une fourrure gris-brun sur le dos et plus claire sur le ventre. C'est un animal nocturne, particulièrement agile et curieux, mais aussi craintif. Elle vit en groupe et construit des nids avec toutes sortes de matériaux.

### FICHE D'IDENTITÉ

Nom savant : *Mus musculus*
Type d'animal : rongeur
Famille : muridés
Lieu de vie : champs, prairies, forêts, près des habitations du monde entier
Longueur : 7 à 10 centimètres
Poids : 12 à 30 grammes
Alimentation : graines, fruits, légumes, céréales, insectes, déchets alimentaires
Durée de vie : 1 à 2 ans
Prédateurs : chouettes, faucons, chats (p. 76), renards (p. 29), belettes, serpents

Les yeux de la souris peuvent être de couleur noire ou rouge.

La souris possède 16 dents. Celles-ci n'arrêtent jamais de pousser ; elle doit donc ronger souvent divers matériaux pour les user.

Le bébé de la souris s'appelle le souriceau. Il naît après 3 semaines de gestation. Il ne porte alors aucun poil et est aveugle.

# Le hérisson

**Le hérisson a la particularité d'être « hérissé » de plus de 5000 poils durs et résistants appelés « piquants ». Lorsqu'il se sent en insécurité ou qu'il est menacé par un prédateur, il se roule en boule et dresse toutes ses épines afin que sa tête et son ventre, nus, ne soient pas accessibles. C'est un animal qui vit seul et qui chasse la nuit ou au crépuscule. Il se déplace énormément, mais très lentement, ce qui le met en grand danger quand il traverse une route, par exemple.**

Un hérisson est capable de rester en boule pendant plusieurs heures, tant qu'il percevra un danger.

Le hérisson possède un long museau étroit terminé par une truffe noire humide. Ses oreilles sont rondes et courtes ; on les voit à peine sous ses piquants.

Le hérisson dort environ 18 heures par jour dans un abri de feuilles ou sous un buisson.

L'hiver, le hérisson se met à l'abri dans un nid rempli de feuilles mortes pour hiverner. Si ses réserves de graisse sont trop faibles, il doit toutefois sortir pour chercher de quoi se nourrir.

## FICHE D'IDENTITÉ

Nom savant : *Erinaceus europaeus*
Type d'animal : mammifère
Famille : érinacéidés
Lieu de vie : jardins, prairies, haies, forêts d'Europe et d'Asie centrale
Longueur : 15 à 30 centimètres
Hauteur : 12 à 15 centimètres
Poids : 300 grammes à 1,8 kilo
Alimentation : sauterelles, mille-pattes, fourmis (p. 82), abeilles (p. 82), limaces, escargots (p. 81), souris (p. 77)
Durée de vie : 2 à 3 ans
Prédateurs : blaireaux (p. 32), hiboux (p. 38), chouettes, renards (p. 29), sangliers, buses, chiens (p. 74), chats (p.76), fouines

# La taupe

La taupe vit sous terre. Elle y perce des galeries pour y trouver les invertébrés dont elle se nourrit, et d'autres, plus profondes pour s'y loger. Ces tunnels mesurent souvent 200 mètres de long et comportent plusieurs chambres, où elle entrepose ses provisions et où elle dort. Lorsqu'elle creuse, elle doit faire sortir la terre des tunnels : cela forme des tas à la surface appelés « taupinières », que les jardiniers apprécient rarement !

## FICHE D'IDENTITÉ

Nom savant : *Talpa*
Type d'animal : mammifère
Famille : talpidés
Lieu de vie : forêts de feuillus, jardins, prairies, pâturages, champs cultivés d'Europe, d'Asie et d'Amérique du Nord
Taille : 16 à 18 centimètres
Poids : 70 à 150 grammes
Alimentation : vers de terre, limaces, larves, insectes
Durée de vie : 2 à 5 ans
Prédateurs : chouettes, buses, belettes, martres, vipères, renards (p. 29), chats (p. 76)

La taupe possède de tout petits yeux qui lui permettent à peine de distinguer le jour et la nuit, et de discerner des formes. Elle n'est pas vraiment aveugle, mais presque.

La taupe est dotée d'énormes pattes avant qui se terminent par 5 doigts griffus. Ceux-ci, très puissants, lui servent à creuser la terre.

Les poils de la taupe peuvent se courber dans tous les sens. Ainsi, ils ne la gênent pas si elle doit partir rapidement en marche arrière dans une galerie.

Si la taupe voit très mal, elle entend en revanche le moindre bruit. Ses oreilles sont de simples trous ; elles ne dépassent pas, ce qui lui permet d'avancer rapidement dans les tunnels.

### FICHE D'IDENTITÉ

Nom savant : *Pelophylax kl. esculentus*
Type d'animal : amphibien
Famille : ranidés
Lieu de vie : étangs, lacs, marais, rivières partout dans le monde, sauf dans les régions polaires
Longueur : 6 à 10 centimètres
Poids : 20 à 80 grammes
Alimentation : insectes, vers de terre, araignées (p. 91), limaces, petits poissons
Durée de vie : 5 à 10 ans
Prédateurs : hiboux (p. 38), chouettes, serpents, rats (p. 77), renards (p. 29), hérons, cigognes

Au printemps les grenouilles mâles chantent pour attirer les femelles : ils coassent.

Pour attraper les insectes en plein vol, cet animal déploie sa langue avec une très grande rapidité.

L'hiver, les grenouilles vertes se cachent dans la boue, dans l'eau ou sous la terre pour hiberner.

La peau de la grenouille est fine, lisse et humide. Elle lui permet d'absorber de l'oxygène. Celle du crapaud, elle, est sèche et recouverte de verrues.

La grenouille a des pattes, longues, musclées et repliées en Z. Elle n'a qu'à les déplier pour sauter et plonger énergiquement. Ses pattes sont palmées, ce qui facilite ses déplacements dans l'eau.

# La grenouille verte

**Si la plupart des batraciens ne rejoignent la mare qu'une fois par an, la grenouille verte vit toute l'année dans l'eau ou à proximité immédiate. Comme les autres, en revanche, elle s'accouple et pond des œufs au printemps : elle dépose de 2 000 à 10 000 œufs juste sous la surface. Ils éclosent en centaines de têtards. Au départ dotés de branchies et d'une petite queue, ils évoluent au fil des semaines, développent des poumons et se transforment en grenouilles au bout de 3 à 4 mois.**

# L'escargot

L'escargot est un mollusque : il est doté d'une coquille en forme de spirale sur le dos, qui le protège des prédateurs et du mauvais temps. La coquille grandit en même temps que lui ; elle est composée de calcium, que l'escargot trouve au sol et dans les plantes qu'il consomme. C'est aussi un gastéropode, c'est-à-dire qu'il avance en glissant sur son grand pied musclé. Celui-ci sécrète de la bave, appelée « mucus », qui lui permet de ramper plus facilement.

L'accouplement a lieu 2 fois par an. Au bout de 10 jours, l'escargot pond environ 20 œufs, qui éclosent au bout de 20 jours.

Il est connu pour sa lenteur : il avance à environ 1 millimètre par seconde. En revanche, il est capable de grimper des surfaces verticales et de se déplacer la tête en bas grâce à son mucus.

L'escargot est hermaphrodite : il est équipé à la fois des attributs reproducteurs mâle et femelle. Mais il ne peut pas se féconder seul.

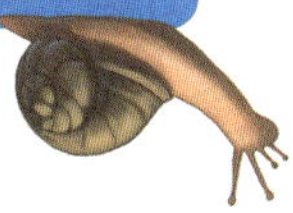

## FICHE D'IDENTITÉ

Type d'animal : mollusque
Famille : hélicidés
Lieu de vie : jardins, prairies, champs, forêts, bois d'Europe et d'Asie
Taille : 3 à 5 centimètres pour la coquille
Poids : 25 à 45 grammes
Alimentation : feuilles, fleurs, légumes, fruits, écorces, champignons, déchets
Durée de vie : 5 à 7 ans
Prédateurs : oiseaux, hérissons (p. 78), souris (p. 77), lézards, grenouilles (p. 80), crapauds, fourmis (p. 82)

La langue de l'escargot est recouverte de milliers de dents minuscules, qui forment une sorte de râpe. Elle s'appelle « radula ».

# La fourmi

**Les fourmis vivent en groupes immenses et extrêmement bien organisés appelés colonies. Chacune possède une ou plusieurs reines, des ouvrières et, parfois, des soldats. La reine pond des œufs pendant que les autres s'occupent de creuser des tunnels, chercher de la nourriture et soigner les larves.**

Les fourmis communiquent entre elles en se touchant les antennes. Celles-ci servent aussi à détecter les odeurs et à trouver de la nourriture.

Les mandibules à l'avant de la tête servent à couper la nourriture et à la transporter, à creuser des tunnels et à se défendre.

Elles vivent dans des fourmilières, composées de chambres et de réseaux de galeries complexes.

## FICHE D'IDENTITÉ

Surnom : architecte de la nature
Type d'animal : insecte
Famille : formicidés
Lieu de vie : fourmilières situées sous des troncs d'arbre, colonies souterraines, sous les pierres, partout dans le monde sauf dans les régions polaires
Taille : 1 à 20 millimètres
Poids : 1 à 5 grammes
Alimentation : nectar, graines, champignons, petits insectes, miellat de pucerons, restes de nourriture
Durée de vie : quelques mois pour les ouvrières, jusqu'à 15 ans pour les reines
Prédateurs : oiseaux, araignées (p. 91), autres fourmis, mammifères, reptiles
Risques : parasites

# L'abeille

**Comme les fourmis, les abeilles vivent en colonies, dans des ruches, où chaque membre a son rôle. Les ouvrières récoltent le nectar des fleurs et le transforment en miel. Les mâles, appelés « faux bourdons », fécondent la reine, qui pond des œufs.**

## FICHE D'IDENTITÉ

Nom savant : *Anthophila*
Type d'animal : insecte
Famille : apidés
Lieu de vie : ruches dans les jardins, forêts, champs, dans les villes, partout dans le monde sauf en Antarctique
Taille : 12 à 15 millimètres
Poids : moins de 1 gramme
Alimentation : nectar, pollen
Durée de vie : 6 semaines l'été et plusieurs mois l'hiver pour les ouvrières ; 3 à 5 ans pour la reine
Prédateurs : oiseaux, araignées (p. 91), frelons, mammifères

La reine des abeilles peut pondre jusqu'à 2 000 œufs par jour.

L'abeille possède un dard pour se défendre. Après avoir piqué, son dard reste enfoncé et une partie de ses organes sont arrachés, ce qui entraîne sa mort.

Les abeilles sont des insectes pollinisateurs : en se nourrissant de nectar, elles transportent du pollen d'une fleur à l'autre, permettant leur fécondation.

# Le papillon

Le papillon fait partie de la famille des lépidoptères, ce qui veut dire « ailes à écailles ». Il en existe près de 150 000 espèces. Le papillon se métamorphose et passe par 4 étapes de transformation au cours de sa vie : l'œuf, la chenille, la chrysalide, puis le papillon.

Le papillon possède une trompe, avec laquelle il se nourrit.

Les motifs colorés du papillon lui permettent de se camoufler ou, au contraire, de signaler sa présence à ses semblables.

Chaque espèce a une durée de vie différente, mais qui n'est jamais très longue. Certains papillons ne vivent ainsi que quelques jours, voire quelques heures.

### FICHE D'IDENTITÉ

Surnom : danseur du jardin
Type d'animal : insecte
Famille : lépidoptères
Lieu de vie : jardins, prairies, forêts, partout dans le monde sauf en Antarctique
Envergure : quelques millimètres à 30 centimètres
Poids : quelques grammes
Alimentation : feuilles et matières végétales pour les chenilles, nectar de fleurs pour les adultes
Durée de vie : quelques jours à quelques mois
Prédateurs : oiseaux, reptiles, amphibiens, insectes prédateurs

# La coccinelle

Quand on pense à ce petit insecte, on se l'imagine généralement rouge avec des points noirs, mais la coccinelle peut aussi être jaune, orange ou noire avec des taches jaunes. Comme le papillon, elle a 4 stades dans son cycle de vie : œuf, larve, nymphe, puis adulte.

La coccinelle a un appétit vorace : elle peut avaler plus de 50 pucerons par jour, soit 1 000 à 2 500 au cours de sa vie. Elle est très utile dans les jardins !

Pour se défendre, la coccinelle sécrète parfois un liquide jaune ou orange au goût amer, qui éloigne les prédateurs.

### FICHE D'IDENTITÉ

Surnom : bête à bon Dieu
Type d'animal : insecte coléoptère
Famille : coccinellidés
Lieu de vie : jardins, champs, prairies, forêts, partout dans le monde sauf en Antarctique
Taille : 5 à 10 millimètres
Poids : moins de 1 gramme
Alimentation : pucerons, autres petits insectes nuisibles
Durée de vie : 5 mois à 1 an
Prédateurs : oiseaux, guêpes, araignées
Risques : parasites

# LES ANIMAUX DE LA JUNGLE

# La panthère

La panthère, ou léopard, est un félin solitaire, qui chasse et se déplace seul, sauf pendant la période de reproduction. Ce grand prédateur s'adapte à des milieux très variés et le mâle possède des territoires vastes, qu'il marque de son urine et de ses griffures. Le léopard possède habituellement une fourrure tachetée, qui lui permet de se fondre dans son environnement. Il existe toutefois des espèces sans taches, telles que la panthère noire.

## FICHE D'IDENTITÉ

Surnom : le fantôme de la jungle
Type d'animal : mammifère
Famille : félins
Lieu de vie : forêts tropicales, savanes, montagnes d'Afrique et d'Asie du Sud-Est
Hauteur : 60 à 75 centimètres au garrot
Longueur : 1,20 à 2,10 mètres
Poids : 30 à 90 kilos
Alimentation : singes, oiseaux, chèvres, serpents, gazelles (p. 51), poissons
Durée de vie : 10 à 15 ans
Prédateurs : lions (p. 46), hyènes (p. 59)
Risque : déforestation

La panthère utilise sa longue queue souple pour maintenir son équilibre quand elle grimpe ou qu'elle saute. Elle lui sert aussi pour communiquer avec ses congénères.

La panthère possède une mâchoire extrêmement puissante, avec laquelle elle peut tuer sa proie d'une seule morsure à la gorge.

C'est est un prédateur opportuniste, ce qui signifie que ce mammifère chasse et se nourrit de ce qui se présente à lui.

La panthère passe la majeure partie de son temps dans les arbres. Grâce à sa morphologie puissante et athlétique, elle y grimpe avec une grande facilité.

On distingue le guépard du jaguar grâce à son pelage : le premier a des taches noires et pleines, et il a 2 traits noirs qui descendent sous chaque œil.

Comme les autres grands félins, le jaguar rugit pour défendre son territoire et pour attirer la femelle au moment de la reproduction.

Le jaguar a un corps massif : il a des pattes larges et une musculature robuste, ce qui lui permet de chasser des proies plus grosses que lui.

À l'inverse de nombreux félins, le jaguar apprécie l'eau et nage très bien. Il peut ainsi chasser des caïmans ou des tortues.

# Le jaguar

De la même famille que le léopard, le jaguar ne se trouve qu'en Amérique centrale et du Sud. On le reconnaît à sa fourrure criblée de « rosettes » – des sortes d'anneaux noirs –, remplis de points noirs plus ou moins gros et d'un pelage plus sombre. Ces motifs sont semblables à des empreintes digitales : chaque animal possède un pelage unique. Hélas, le jaguar est souvent chassé pour sa fourrure, et c'est désormais une espèce menacée.

## FICHE D'IDENTITÉ

Nom savant : *Panthera onca*
Type d'animal : mammifère
Famille : félins
Lieu de vie : forêts tropicales, marécages, savanes d'Amérique centrale et du Sud
Hauteur : 68 à 75 centimètres au garrot
Longueur : 1,20 à 1,80 mètre
Poids : 40 à 140 kilos
Alimentation : cerfs (p. 26), capybaras (p. 97), singes, oiseaux, poissons, caïmans, tortues
Durée de vie : 12 à 15 ans
Prédateurs : aucun
Risque : déforestation

# Le tigre

Le tigre et le plus grand et le plus puissant des félins du monde. On le reconnaît à sa fourrure entre le jaune clair et l'orange, striée de rayures noires, unique à chacun. Les rayures lui permettent de se camoufler dans la forêt dense où il réside, et de s'approcher de ses proies sans se faire remarquer. Animal mythique des contes et légendes d'Asie, symbole de puissance en Inde et en Chine, c'est une espèce qui est menacée : il y a aujourd'hui 25 fois moins de tigres sur la planète qu'il y a un siècle.

Pour chasser, le tigre guette sa proie tapi dans les hautes herbes, puis il s'approche à 10 mètres avant de fondre sur elle d'un bond et de planter ses crocs dans son cou.

Le tigre voit très bien la nuit et a une excellente vision périphérique : il peut observer son environnement sans tourner la tête, ce qui représente un grand avantage pour chasser.

La tigresse a 2 ou 3 petits par portée. Ils naissent 3 mois après l'accouplement.

La tigresse cache ses petits dans un endroit sûr. Pour éviter qu'un intrus ne s'en approche, elle les rejoint par des chemins détournés.

Le tigre est un animal solitaire, qui occupe toujours le même territoire.

Le tigre de Sibérie est le plus grand de son espèce. Pour résister aux températures glaciales des montagnes, il a une fourrure plus épaisse que les autres.

Le tigre possède des coussinets sous ses pattes. Ainsi, il peut se déplacer sans faire de bruit.

La queue du tigre mesure de 60 centimètres à 1 mètre.

Lorsqu'un tigre est vieux ou malade, ou qu'une femelle accompagne ses petits, il arrive qu'il attaque l'homme.

## FICHE D'IDENTITÉ

Surnom : roi de la jungle
Type d'animal : mammifère
Famille : félins
Lieu de vie : forêts tropicales, savanes, mangroves, prairies d'Asie
Hauteur : 80 centimètres à 1,20 mètre au garrot
Longueur : 1,50 à 3 mètres
Poids : 180 à 280 kilos
Alimentation : sangliers, cerfs (p. 26), chevreuils, ours (p. 40), chèvres, poissons
Durée de vie : 10 à 15 ans
Prédateurs : aucun
Risque : déforestation

Pour séduire une femelle, le mâle se frotte contre elle pour la caresser, et balance la tête afin de lui montrer son intérêt.

Selon les espèces, la femelle peut pondre de 6 à 80 œufs. Lorsqu'ils éclosent, les bébés pythons sont capables de chasser et de se nourrir seuls presque immédiatement.

### FICHE D'IDENTITÉ

Type d'animal : reptile
Famille : pythonidés
Lieu de vie : forêts tropicales, savanes, marécages d'Inde, d'Afrique, d'Asie du Sud-Est et d'Australie
Taille : 1 à 10 mètres
Poids : 1 à 160 kilos
Alimentation : oiseaux, lapins (p. 31), rongeurs, cochons (p. 72), cerfs (p. 26), singes
Durée de vie : 15 à 20 ans
Prédateurs : rapaces, varans et grands mammifères pour les plus jeunes

La peau du python est recouverte d'écailles. Elle présente des motifs tachetés, rayés ou en forme de losange allant du beige au noir en passant par le gris et le jaune.

Kaa, dans Le *Livre de la jungle*, est un python molure. Cette espèce peut mesurer jusqu'à 7 mètres et peser 140 kilos. On la trouve en Inde et dans les pays tout autour.

# Le python

Le python est un reptile de taille parfois impressionnante : certaines espèces peuvent mesurer jusqu'à 10 mètres et peser plus de 150 kilos ! Ce serpent ne possède pas de venin. Il est constricteur : il serre ses proies dans ses puissants anneaux jusqu'à ce qu'elles s'étouffent. Actif de jour comme de nuit, il passe la majeure partie de son temps à dormir ou à guetter des proies, caché et immobile, dans la forêt.

# L'araignée goliath

Cette araignée est la plus grande mygale du monde ! Elle s'appelle donc « Goliath » en référence au géant de la Bible. Quoique effrayant, c'est un animal discret qui sort le moins possible de son terrier, creusé profondément à même le sol. Elle s'aventure dehors à la nuit tombée, pour chasser de quoi se nourrir. Elle utilise ses crochets pour injecter du venin dans sa proie, qu'elle ramène dans son terrier pour la manger.

Grâce à ses poils sensitifs, l'araignée goliath peut percevoir les vibrations et détecter les mouvements de proies ou de prédateurs à proximité.

L'araignée goliath possède 8 yeux, disposés en 2 rangées. Malgré cela, elle voit très mal !

Cette mygale possède des crochets de 2 centimètres. Sa piqûre, même si elle est très douloureuse, est rarement mortelle pour l'homme.

Quand elle est agressée, elle se dresse sur ses pattes arrière et émet un son, avant de projeter des poils urticants vers son attaquant.

## FICHE D'IDENTITÉ

Nom savant : *Theraphosa blondi*
Type d'animal : arachnide
Famille : *Theraphosidae*
Lieu de vie : forêts tropicales humides d'Amérique du Sud
Envergure : 15 à 30 centimètres
Poids : 120 à 170 grammes
Alimentation : insectes, vers, petits invertébrés, lézards, grenouilles (p. 80), oiseaux
Durée de vie : 3 à 15 ans
Prédateurs : oiseaux, serpents, petits mammifères

# Le gorille

À l'image du chimpanzé ou du bonobo, le gorille fait partie de la famille des grands singes. C'est d'ailleurs le plus gros et le plus grand d'entre eux. Il vit en groupes, appelés « troupes », pouvant compter de 5 à 30 membres. Chacune est dirigée par un mâle dominant nommé « dos argenté » à cause des poils gris clair qu'il porte sur le dos. Doté d'une force colossale, il est néanmoins pacifique et passe l'essentiel de ses journées à se reposer et à rechercher des végétaux pour se nourrir.

## FICHE D'IDENTITÉ

Surnom : roi des singes
Type d'animal : mammifère
Famille : hominidés
Lieu de vie : forêts tropicales, forêts de montagne, plaines d'Afrique centrale et de l'Ouest
Taille : 1,40 à 1,50 mètre pour les femelles ; 1,65 à 1,75 mètre pour les mâles
Poids : 70 à 110 kilos pour les femelles ; 140 à 200 kilos pour les mâles
Alimentation : feuilles, baies, tiges, écorces, jeunes pousses, et parfois insectes
Durée de vie : 30 ans
Prédateurs : panthères (p. 86)

Le mâle possède sur la tête une bosse, où viennent se fixer les muscles de sa nuque et de sa mâchoire.

Le gorille aménage chaque soir un nid sur le sol, pour y passer la nuit : il est constitué de branches et de feuilles.

Certains mâles dominants se frappent la poitrine et tambourinent, sans doute pour indiquer leur puissance aux femelles ou à des rivaux potentiels.

Jusqu'à l'âge de 3 mois, le bébé gorillon reste blotti contre le pelage de sa mère et se tient sur son dos. Si elle meurt, le père s'occupe lui-même de son petit.

# L'orang-outan

Ce grand singe est un animal solitaire et discret, qui passe la plus grande partie de ses journées dans les arbres fruitiers pour se nourrir. Il saute de l'un à l'autre en s'accrochant avec les mains et les pieds. La nuit venue, il construit un nid dans les branches, à 20 mètres au-dessus du sol, pour y dormir.

### FICHE D'IDENTITÉ

Surnom : homme de la forêt
Type d'animal : mammifère
Famille : hominidés
Lieu de vie : forêts tropicales d'Asie du Sud-Est
Taille : 1 à 1,50 mètre
Poids : 30 à 90 kilos
Alimentation : fruits, feuilles, écorces, fleurs, insectes, petits vertébrés
Durée de vie : 30 à 40 ans
Prédateurs : grands félins, grands reptiles

Les bras de l'orang-outan sont démesurés par rapport à sa taille : ils font plus de 2 mètres d'envergure.

Comme l'homme, l'orang-outan peut marcher sur 2 pattes, il a un cerveau développé et ne possède pas de queue.

Le bébé orang-outan ne pèse pas plus de 1,5 kilo. Il se nourrit du lait de sa mère pendant 3 ans.

# Le singe capucin

Intelligent et habile, le capucin est connu pour sa capacité à utiliser des outils. Passant une bonne partie de son temps dans les arbres, il vit en groupe dirigé par un mâle dominant et aime jouer avec ses semblables et communiquer avec eux par des cris, des gestes et des mimiques.

### FICHE D'IDENTITÉ

Nom savant : *Cebus* ou *Sapajus*
Type d'animal : mammifère
Famille : cébidés
Lieu de vie : forêts tropicales et subtropicales d'Amérique centrale et du Sud
Taille : 30 à 55 centimètres
Poids : 2 à 4 kilos
Alimentation : fruits, noix, graines, insectes, petits vertébrés, œufs
Durée de vie : 15 à 25 ans
Prédateurs : grands rapaces, félins, serpents

La queue est « préhensible » : il peut l'utiliser comme une main pour attraper des objets.

En se déplaçant dans la forêt, le capucin disperse des graines. Il permet ainsi à la végétation de se renouveler.

Chez les capucins, c'est la femelle qui fait la cour au mâle.

# Le paresseux

**Le paresseux est un animal solitaire qui passe l'essentiel de ses journées suspendu à une branche, sans effectuer le moindre mouvement. C'est à cette particularité qu'il doit son nom, de même qu'au fait qu'il dort de 12 à 14 heures par jour. Il est aussi d'une extrême lenteur : il se déplace à la vitesse de 600 mètres par heure. Son métabolisme n'est pas plus rapide, car il met beaucoup de temps à digérer ses aliments. De ce fait, il ne fait ses besoins qu'une fois par semaine.**

Certaines espèces de paresseux possèdent 2 doigts ; d'autres en ont 3.

Les griffes longues, courbées et puissantes du paresseux lui permettent de s'accrocher aux branches.

Sa fourrure épaisse abrite des algues, ce qui lui donne une couleur verdâtre. Immobile dans les arbres, il devient ainsi presque invisible aux yeux des prédateurs.

Les algues dans sa fourrure lui fournissent des nutriments supplémentaires, qu'il absorbe par la peau.

Les poils du paresseux poussent en sens inverse par rapport aux autres animaux, car il passe son temps suspendu, les pattes en l'air. Il se déplace, dort, se nourrit et se reproduit dans cette position.

## FICHE D'IDENTITÉ

Nom savant : *Folivora*
Type d'animal : mammifère
Famille : bradypodidés et mégalonychidés
Lieu de vie : forêts tropicales et subtropicales d'Amérique centrale et du Sud
Taille : 40 à 75 centimètres
Poids : 3 à 8 kilos
Alimentation : feuilles, fruits, bourgeons, petites branches
Durée de vie : 20 à 30 ans
Prédateurs : jaguars (p. 87), grands rapaces, serpents

# Le coati roux

De la même famille que le raton laveur, le coati roux ne se trouve qu'en Amérique du Sud, tout comme ses cousins : le coati à nez blanc ou le coati des montagnes. Les femelles et les jeunes vivent en bandes, tandis que les mâles sont solitaires et ne rejoignent les groupes que pendant la saison de reproduction. Ils sont actifs pendant la journée et passent beaucoup de temps à chercher de la nourriture.

## FICHE D'IDENTITÉ

Autre nom : coati à queue annelée
Type d'animal : mammifère
Famille : procyonidés
Lieu de vie : forêts tropicales, régions montagneuses et savanes d'Amérique du Sud
Taille : 41 à 67 centimètres
Poids : 3 à 6 kilos
Alimentation : fruits, insectes, petits vertébrés, œufs, oiseaux, lézards, grenouilles (p. 80)
Durée de vie : 7 à 14 ans
Prédateurs : jaguars (p. 87), ocelots, rapaces, serpents

Les coatis roux sont d'excellents grimpeurs : ils peuvent tourner leurs pieds postérieurs vers l'arrière à près de 180 degrés, ce qui leur permet de descendre des arbres la tête la première.

Leur long museau flexible est particulièrement utile pour fouiller le sol et les débris à la recherche d'insectes et de petits animaux.

Le coati est doté de canines tranchantes, avec lesquelles il déchiquette sa nourriture.

La femelle coati donne naissance à 2 à 7 petits, dans un nid construit dans un arbre ou un buisson. Ils y restent plusieurs semaines, protégés par leur mère.

# Le tapir

Malgré son corps massif et ses pattes courtes et robustes, le tapir est un excellent nageur. Il passe son temps dans les rivières et les lacs pour se rafraîchir et échapper aux prédateurs. Solitaire, il se repose habituellement la journée et commence à s'activer à la nuit tombée pour partir en quête de nourriture. Touchée par la déforestation et chassée par l'homme pour sa peau et sa viande, c'est maintenant une espèce menacée.

On confond souvent le tapir et le fourmilier à cause de sa trompe. Or, il est totalement végétarien. Les fourmis ne l'intéressent pas.

À la naissance, le bébé tapir est rayé et tacheté : il se camoufle ainsi facilement. Ces marques disparaissent quand il grandit.

La petite trompe flexible du tapir lui permet d'attraper des feuilles et des fruits. Elle peut même lui servir de tuba lorsqu'il nage.

À l'image du rhinocéros, le tapir possède un nombre de doigts impair : il en a 3.

## FICHE D'IDENTITÉ

Nom savant : *Tapirus*
Type d'animal : mammifère
Famille : tapiridés
Lieu de vie : forêts tropicales et subtropicales, marécages, prairies d'Amérique centrale et du Sud, Asie du Sud-Est
Hauteur : 75 à 120 centimètres
Longueur : 1,80 à 2,50 mètres
Poids : 150 à 300 kilos
Alimentation : feuilles, fruits, brindilles, branches, écorces, plantes aquatiques
Durée de vie : 20 ans
Prédateurs : anacondas, pumas, jaguars (p. 87) en Amérique ; tigres (p. 88), crocodiles en Asie
Risque : déforestation

## FICHE D'IDENTITÉ

Nom savant : *Hydrochoerus hydrochaeris*
Type d'animal : mammifère rongeur
Famille : cavidés
Lieu de vie : forêts et savanes d'Amérique du Sud, près des lacs, rivières et marécages
Hauteur : 50 à 60 centimètres au garrot
Longueur : 1 à 1,30 mètre
Poids : 35 à 65 kilos
Alimentation : herbes, plantes aquatiques, fruits, écorces, roseaux
Durée de vie : 8 à 10 ans
Prédateurs : jaguars (p. 87), pumas, anacondas, caïmans, rapaces

**Pour prévenir ses congénères du danger ou de la présence de nourriture, le capybara pousse des grognements, des sifflements et des aboiements.**

Les yeux, les oreilles et les narines du capybara sont placés sur le dessus de sa tête : il peut ainsi respirer quand il nage en ne laissant dépasser que le haut de son crâne.

Le capybara est aussi appelé cabiaï, ce qui signifie « mangeur d'herbe ».

**Il mange ses propres excréments, afin de pouvoir redigérer les fibres végétales et en tirer plus de nutriments.**

# Le capybara

**Le capybara est le plus gros rongeur au monde. C'est un mammifère semi-aquatique, qui ne s'éloigne jamais des cours d'eau. Il y plonge à la moindre menace et y passe énormément de temps pour se nourrir. Ses doigts sont palmés, ce qui lui permet de nager très efficacement. Il vit en groupe, dans lequel règne une grande cohésion : les adultes protègent tous les petits, et une femelle peut allaiter n'importe quel jeune de la tribu.**

# L'ara

L'ara est un perroquet facilement reconnaissable à son bec crochu et arrondi, sa longue queue et son plumage multicolore éclatant : celui-ci contient souvent différentes nuances de rouge, de bleu, de vert et de jaune. C'est un animal social, qui vit en groupes familiaux dans les hauteurs des arbres, où il construit son nid à l'abri des prédateurs. Ce n'est pas un oiseau très territorial : il peut cohabiter avec d'autres groupes, mais ne se mélange pas à eux.

## FICHE D'IDENTITÉ

Nom savant : *Aratentatus*
Type d'animal : oiseau
Famille : psittacidés
Lieu de vie : forêts tropicales d'Amérique du Sud
Taille : 80 à 90 centimètres
Poids : 1 à 1,5 kilo
Alimentation : fruits, graines, fruits à coque, baies, fleurs, nectar, insectes
Durée de vie : 60 ans
Prédateurs : grands rapaces

Le perroquet est capable de reproduire une très grande variété de sons, et même des mots humains.

L'ara utilise son bec pour écraser les coquilles des graines ou des fruits à coque. Il s'en sert aussi pour grimper, se défendre et construire son nid.

Cet oiseau est un ara chloroptère : il est en tous points identique à l'ara rouge, à ceci près qu'il a des plumes vertes à la place des jaunes.

Les aras sont très fidèles : une fois que le couple est formé, le mâle et la femelle restent ensemble jusqu'à la mort.

Le toucan vit en groupes familiaux, composés d'un couple reproducteur et de leurs jeunes descendants.

Le bec a beau être solide et d'une taille impressionnante, il est creux et léger : une qualité essentielle pour que le toucan puisse s'envoler.

Le bec du toucan lui permet de réguler sa température corporelle en dissipant sa chaleur.

Cet oiseau est un toucan à carène, aussi appelé toucan arc-en-ciel.

La femelle pond 2 à 4 œufs à la fois. Les parents couvent à tour de rôle, puis prennent soin des poussins ensemble.

# Le toucan

Le toucan est connu pour son plumage parfois chatoyant, ainsi que pour son bec, lui aussi coloré, mais également immense : en forme de banane, il est parfois aussi long que son corps, voire plus. Les scientifiques pensent qu'il lui sert à dissuader ses prédateurs potentiels, à saisir sa nourriture, à parader ou encore à réguler sa température. Cet oiseau passe la majeure partie de son temps dans la canopée, se déplaçant de branche en branche à la recherche de nourriture.

## FICHE D'IDENTITÉ

Surnom : banane volante
Type d'animal : oiseau
Famille : ramphastidés
Lieu de vie : forêts tropicales d'Amérique centrale et du Sud
Taille : 35 à 65 centimètres
Poids : 130 à 700 grammes
Alimentation : fruits, baies, graines, insectes, petits reptiles, œufs
Durée de vie : 10 à 15 ans
Prédateurs : grands rapaces, serpents, mammifères carnivores

# Le colibri

Cet oiseau au plumage coloré est minuscule : il n'est pas plus grand que la paume d'une main. Il a la particularité de pouvoir voler dans toutes les directions, même à reculons, et de battre des ailes extrêmement vite : il peut effectuer jusqu'à 80 battements par seconde.

### FICHE D'IDENTITÉ

Surnom : oiseau-mouche
Type d'animal : oiseau
Famille : trochilidés
Lieu de vie : forêts tropicales d'Amérique
Taille : 10 centimètres
Poids : 3 à 4 grammes
Alimentation : nectar de fleurs, petits insectes, araignées
Durée de vie : 3 à 5 ans
Prédateurs : serpents, faucons, hiboux (p. 38), grands insectes

Le plumage du colibri change d'aspect selon la lumière : il peut prendre des reflets métalliques.

Le bec du colibri est long, pointu et très fin : parfait pour recueillir le nectar des fleurs ou le suc des fruits.

Quand le colibri chante, on dit qu'il zinzinule.

### FICHE D'IDENTITÉ

Nom savant : *Morpho menelaus*
Type d'animal : insecte
Famille : nymphalidés
Lieu de vie : forêts tropicales d'Amérique du Sud
Envergure : 12 à 15 centimètres
Poids : 0,3 gramme
Alimentation : sève d'arbres, fruits fermentés, boue humide
Durée de vie : 4 mois
Prédateurs : oiseaux, chauve-souris (p. 39), grenouilles (p. 80)

# Le morpho bleu

Ce grand papillon bleu qui habite principalement la canopée de la forêt amazonienne est connu pour ses ailes bleu turquoise irides-centes, qui changent de couleur à la lumière. Ce phénomène est dû à ses écailles microscopiques qui dévient les ondes lumineuses. Elles sont bordées de noir.

Les reflets bleu intense du mâle sont visibles jusqu'à 1 kilomètre de distance.

La chenille du morpho bleu est de couleur brune à taches jaunes.

# Le dendrobate

**Il existe différentes sortes de dendrobates, mais tous ont en commun leur taille minuscule et leurs couleurs éclatantes – jaune, bleu, vert ou rouge, avec ou sans taches noires. Ces teintes vives sont destinées à prévenir les attaquants potentiels de leur toxicité afin qu'ils s'éloignent sans chercher à s'en prendre à eux. En cas d'attaque, la peau du dendrobate sécrète un venin. Selon les espèces, il peut être très puissant et terrasser un prédateur en quelques secondes.**

Les tribus indigènes utilisaient le poison sécrété par la peau des dendrobates pour en enduire la pointe de leurs flèches.

Certains dendrobates grimpent volontiers aux arbres, mais la plupart vivent au sol.

Il existe plus de 100 espèces de dendrobates.

Cet amphibien possède des ventouses au bout des doigts et des orteils. Elles l'empêchent de glisser sur les rochers mouillés et l'aident à grimper aux arbres.

En captivité, le dendrobate perd sa toxicité, sans doute parce qu'il ne peut plus se nourrir des insectes toxiques qui lui fournissent son venin.

## FICHE D'IDENTITÉ

Nom savant : *Dendrobatidae*
Type d'animal : amphibien
Famille : dendrobatidés
Lieu de vie : forêts tropicales d'Amérique centrale et du Sud, surtout en Amazonie
Taille : 1,50 à 6 centimètres
Poids : 2 à 8 grammes
Alimentation : insectes, araignées, petits invertébrés
Durée de vie : 6 à 10 ans
Prédateurs : serpents, oiseaux, mammifères

# LES ANIMAUX DE L'OCÉAN

La baleine possède 1 ou 2 narines au sommet de la tête appelées « évents » : ce sont des trous qui lui permettent de respirer à la surface de l'eau sans avoir à sortir toute sa tête. Ils se ferment quand elle plonge.

La baleine communique par un chant. Celui de la baleine à bosse est particulièrement mélodieux et complexe. Il peut durer 20 minutes.

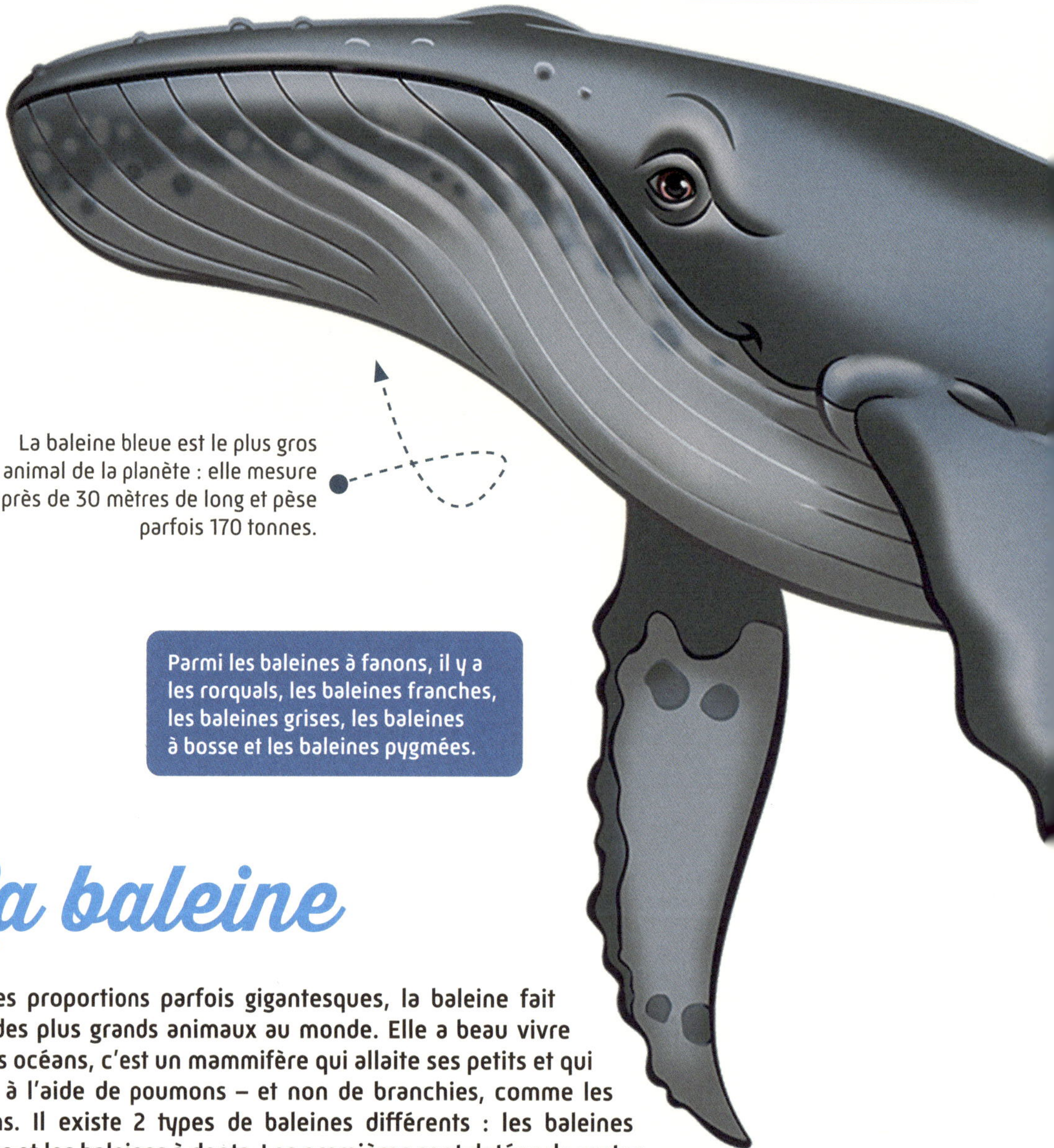

La baleine bleue est le plus gros animal de la planète : elle mesure près de 30 mètres de long et pèse parfois 170 tonnes.

Parmi les baleines à fanons, il y a les rorquals, les baleines franches, les baleines grises, les baleines à bosse et les baleines pygmées.

# La baleine

Avec ses proportions parfois gigantesques, la baleine fait partie des plus grands animaux au monde. Elle a beau vivre dans les océans, c'est un mammifère qui allaite ses petits et qui respire à l'aide de poumons – et non de branchies, comme les poissons. Il existe 2 types de baleines différents : les baleines à fanons et les baleines à dents. Les premières sont dotées de sortes de grands arcs qui filtrent l'eau pour en récupérer le plancton et le krill – un crustacé ressemblant à une crevette. Les autres se nourrissent de poissons et d'animaux de la famille des seiches.

**Les baleines à dents rassemblent notamment les cachalots et les baleines blanches.**

La baleine à bosse peut faire des bonds immenses et sortir entièrement de l'eau avant d'y retomber dans un saut périlleux en arrière.

La baleine possède le plus souvent 4 nageoires : 2 sur le côté, 1 au bout de son corps – comme une queue – et 1 autre sur le dos.

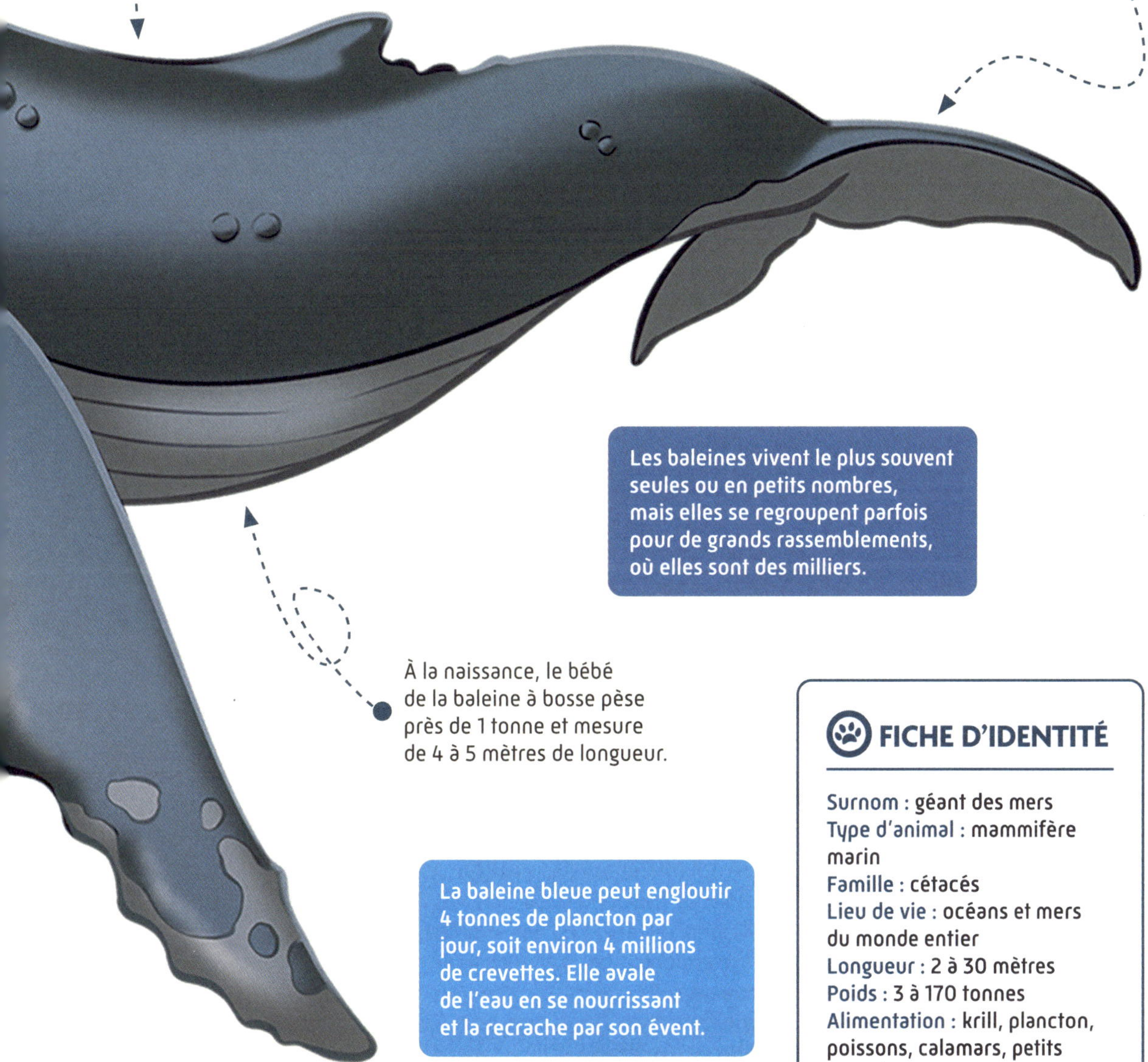

**Les baleines vivent le plus souvent seules ou en petits nombres, mais elles se regroupent parfois pour de grands rassemblements, où elles sont des milliers.**

À la naissance, le bébé de la baleine à bosse pèse près de 1 tonne et mesure de 4 à 5 mètres de longueur.

**La baleine bleue peut engloutir 4 tonnes de plancton par jour, soit environ 4 millions de crevettes. Elle avale de l'eau en se nourrissant et la recrache par son évent.**

## FICHE D'IDENTITÉ

Surnom : géant des mers
Type d'animal : mammifère marin
Famille : cétacés
Lieu de vie : océans et mers du monde entier
Longueur : 2 à 30 mètres
Poids : 3 à 170 tonnes
Alimentation : krill, plancton, poissons, calamars, petits organismes marins
Durée de vie : 35 à 200 ans
Prédateurs : orques

# Le dauphin

Avec son corps fuselé et sa peau parfaitement lisse, le dauphin est taillé pour nager très vite. Il utilise son aileron dorsal pour se stabiliser dans l'eau et se dirige grâce aux nageoires qu'il a sur les côtés. Il se repère également sous l'eau à l'aide de son sonar, qui émet des ondes sonores. Quand celles-ci rencontrent un obstacle, elles reviennent vers lui, ce qui lui donne des indications sur la direction à prendre.

## FICHE D'IDENTITÉ

Surnom : clown des mers
Type d'animal : mammifère marin
Famille : delphinidés
Lieu de vie : océans et mers du monde entier
Longueur : 2 à 4 mètres
Poids : 150 à 650 kilos
Alimentation : poissons, calamars, crustacés
Durée de vie : 20 à 50 ans
Prédateurs : requins (p. 107), orques

Le dauphin est réputé très intelligent : il possède un langage complexe, a sa personnalité propre, est capable d'utiliser des outils et invente même des jeux.

Le dauphin possède un bec plus ou moins allongé et des dents pointues qui lui permettent d'attraper les poissons et crustacés dont il se nourrit.

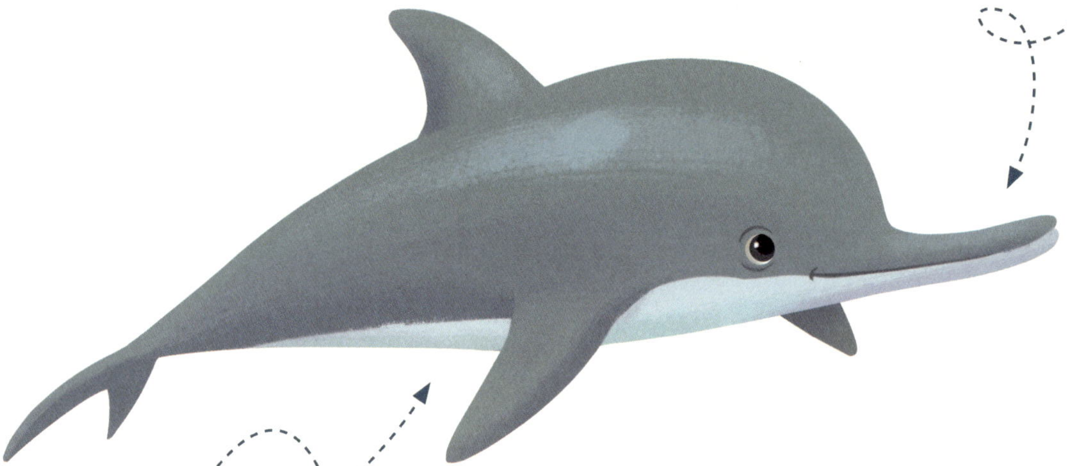

C'est un animal très social, vivant en groupes. Leurs membres chassent ensemble et se protègent mutuellement des dangers.

Certains dauphins sont capables de faire des bonds de 7 mètres au-dessus de l'eau.

Parmi les 380 espèces de requins, 5 seulement sont réellement dangereuses pour les êtres humains, notamment le grand requin blanc, surnommé « mangeur d'hommes ».

La peau du requin est recouverte de petites écailles appelées « denticules ». Elles diminuent sa résistance à l'eau et lui permettent de nager vite.

Les requins peuvent avoir 5 à 13 rangées de dents, chacune comportant de 25 à 40 dents ! Elles tombent régulièrement, mais repoussent.

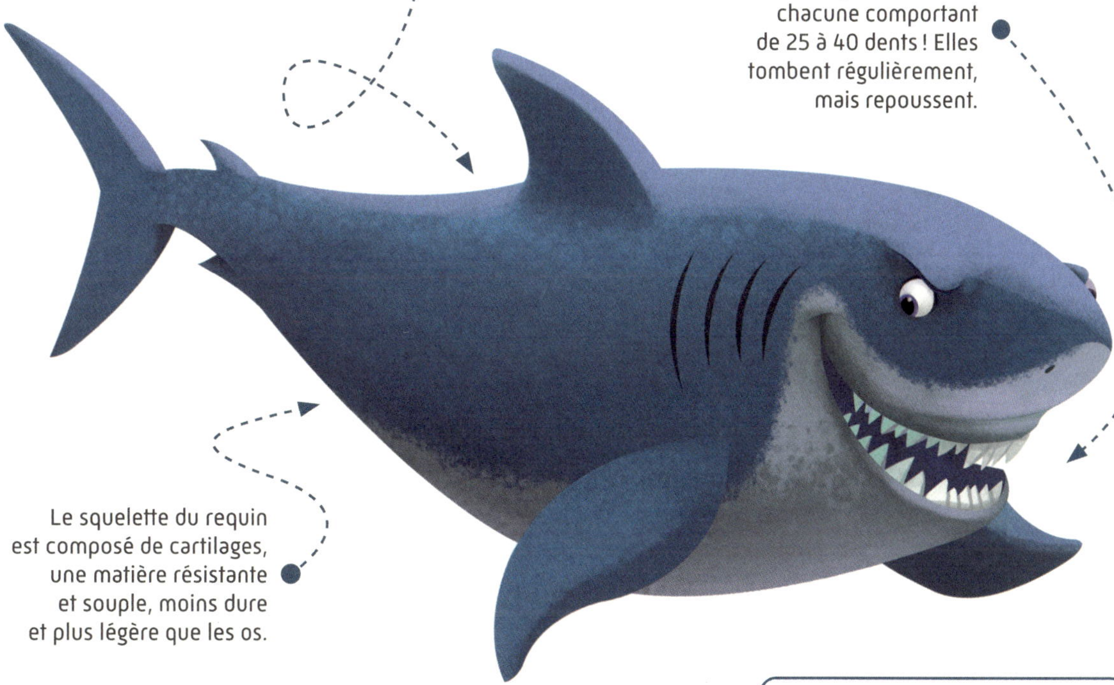

Le squelette du requin est composé de cartilages, une matière résistante et souple, moins dure et plus légère que les os.

# Le requin

**Présents sur terre depuis 400 millions d'années, les requins sont des poissons puissants et agiles, ce qui en fait des prédateurs redoutés. Leurs sens sont particulièrement développés : ils ont l'odorat si puissant qu'ils peuvent repérer une goutte de sang dans une surface équivalente à un bassin olympique ! Ils possèdent aussi des ampoules de Lorenzini : des organes qui détectent les champs électriques produits par les autres animaux. Ils peuvent ainsi chasser dans le noir complet.**

## FICHE D'IDENTITÉ

Autre nom : squale
Type d'animal : poisson
Famille : sélachimorphes
Lieu de vie : mers et océans du monde entier
Longueur : 17 centimètres à 14 mètres
Poids : quelques grammes à 20 tonnes
Alimentation : poissons, mollusques, crustacés, mammifères marins
Durée de vie : 20 à 30 ans
Prédateurs : autres grands prédateurs marins

# Le béluga

**Avec son corps blanc et sa tête arrondie, le béluga ressemble à un gros dauphin, à ceci près qu'il n'a pas d'aileron sur le dos, mais une « crête » plus discrète. Il est aussi intelligent et peut émettre toutes sortes de sifflements, claquements et gazouillis, ce qui lui vaut le surnom de « canari des mers ». Ces sons lui permettent de communiquer avec ses semblables et de les retrouver dans les eaux sombres de l'Arctique. Il se déplace en groupe.**

Le béluga possède une épaisse couche de graisse sous la peau. Appelée « lard », elle l'aide à résister aux températures glaciales des eaux arctiques.

Comme il ne possède pas encore de graisse, le bébé béluga ne flotte pas et coule s'il arrête de nager.

Le béluga migre vers le sud à l'automne, car, en hiver, la banquise se reforme, lui barrant l'accès aux bancs de poissons.

## FICHE D'IDENTITÉ

**Autres noms :** dauphin blanc, marsouin blanc
**Type d'animal :** mammifère marin
**Famille :** monodontidés
**Lieu de vie :** eaux froides de l'Arctique
**Longueur :** 3 à 5,50 mètres
**Poids :** 700 à 1 500 kilos
**Alimentation :** poissons, crustacés, calamars, seiches
**Durée de vie :** 30 à 40 ans
**Prédateurs :** orques, ours polaires

Le bébé béluga est brun à la naissance. Il devient gris, puis blanc en grandissant.

# Le poisson-clown

Ce petit poisson a la particularité de vivre en « symbiose » avec l'anémone de mer : celle-ci dégage un poison mortel pour tous les autres poissons, dont le poisson-clown est immunisé. L'anémone le met à l'abri des prédateurs et, en échange, il la débarrasse des détritus et des parasites.

### FICHE D'IDENTITÉ

Nom savant : *Amphiprioninae*
Type d'animal : poisson
Famille : pomacentridés
Lieu de vie : récifs coralliens et lagons de l'océan Indien et de l'océan Pacifique
Taille : 7 à 14 centimètres
Poids : 30 à 150 grammes
Alimentation : petits crustacés, zooplancton
Durée de vie : 6 à 10 ans
Prédateurs : hérons, mérous (p. 120), poissons-lions, vivaneaux, crabes (p. 117), crevettes (p. 116), murènes (p. 111), pieuvres (p. 110)

L'avant de la nageoire dorsale porte des épines. L'arrière est souple et fin.

Le poisson-clown le plus connu est celui de couleur orange à trois bandes blanches, mais il en existe d'autres sans bandes.

Après la ponte, c'est le mâle qui surveille les œufs pendant que la femelle protège le territoire.

# Le poisson-chirurgien

Le poisson-chirurgien doit son nom aux épines tranchantes de chaque côté de sa queue et qui évoquent le scalpel utilisé par les médecins en salle d'opération. Ils lui procurent une arme redoutable contre les prédateurs, mais aussi contre d'autres mâles.

### FICHE D'IDENTITÉ

Surnom : docteur des mers
Type d'animal : poisson
Famille : acanthuridés
Lieu de vie : récifs coralliens et lagons de l'océan Indien, de l'océan Pacifique et de la mer Rouge
Taille : 15 à 40 centimètres
Poids : 200 grammes à 2 kilos
Alimentation : algues, plancton
Durée de vie : 10 à 20 ans
Prédateurs : mérous (p. 120), requins (p. 107), oiseaux marins

Dory, du *Monde de Nemo*, est un chirurgien bleu : elle a le corps bleu à motifs noirs et une queue jaune. D'autres espèces sont de couleur jaune, bleu ciel, noire, verte ou orange.

En se nourrissant d'algues, le poisson-chirurgien en contrôle la prolifération et préserve les coraux.

# La pieuvre

La pieuvre, aussi appelée poulpe, fait partie de la famille des céphalopodes, ce qui veut dire « qui ont les pieds sur la tête ». Ces « pieds » sont devenus au cours de l'évolution des tentacules munis de ventouses puissantes, qui lui permettent de saisir ses proies, de se déplacer ou de s'agripper à des rochers. Cette reine du camouflage peut changer de couleur pour se fondre dans son environnement et se rendre invisible à ses prédateurs. En cas d'attaque, elle projette de l'encre vers son assaillant afin de l'aveugler et de pouvoir fuir. C'est un animal extrêmement intelligent et curieux.

La pieuvre se déplace souvent par propulsion : elle aspire de l'eau, puis l'expulse avec force, ce qui la projette en avant. Elle peut aussi ramper et glisser avec ses tentacules.

Pour la reproduction, le mâle utilise un bras spécial pour transférer ces cellules reproductives dans le corps de la femelle.

La pieuvre a 3 cœurs, 9 cerveaux, 8 bras et le sang bleu.

Les tentacules sont placés autour d'un bec, avec lequel la pieuvre déchiquette ses proies et brise la carapace des crabes dont elle est friande. Hormis ce bec, tout son corps est mou.

La femelle pond des milliers d'œufs et s'en occupe excessivement jusqu'à leur éclosion. Elle ne mange presque pas pendant toute cette période et il n'est pas rare qu'elle meure juste après.

## FICHE D'IDENTITÉ

Nom savant : *Octopus*
Type d'animal : mollusque
Famille : céphalopodes
Lieu de vie : océans et mers du monde entier
Taille : quelques centimètres à plus de 5 mètres
Poids : 1 à 50 kilos
Alimentation : crabes (p. 117), autres crustacés, mollusques, poissons, autres petits animaux marins
Durée de vie : 1 à 2 ans
Prédateurs : dauphins (p. 106), phoques (p. 118), autres mammifères marins, gros poissons, oiseaux marins

Certaines murènes possèdent 2 mâchoires : une à l'extrémité de sa gueule, l'autre au niveau de la gorge. Cela ne laisse aucune chance à leurs proies.

### FICHE D'IDENTITÉ

Surnom : serpent de mer
Type d'animal : poisson
Famille : murènes
Lieu de vie : récifs coralliens, zones rocheuses et herbiers du monde entier, surtout de l'océan Atlantique, de l'océan Indien et de l'océan Pacifique
Taille : 30 centimètres à 4 mètres
Poids : 5 à 25 kilos
Alimentation : poissons, crustacés, mollusques, petits invertébrés marins
Durée de vie : 10 à 30 ans
Prédateurs : requins (p. 107), gros poissons

La murène n'a pas d'écailles. Sa peau est épaisse et recouverte d'un mucus, qui lui donne une texture visqueuse.

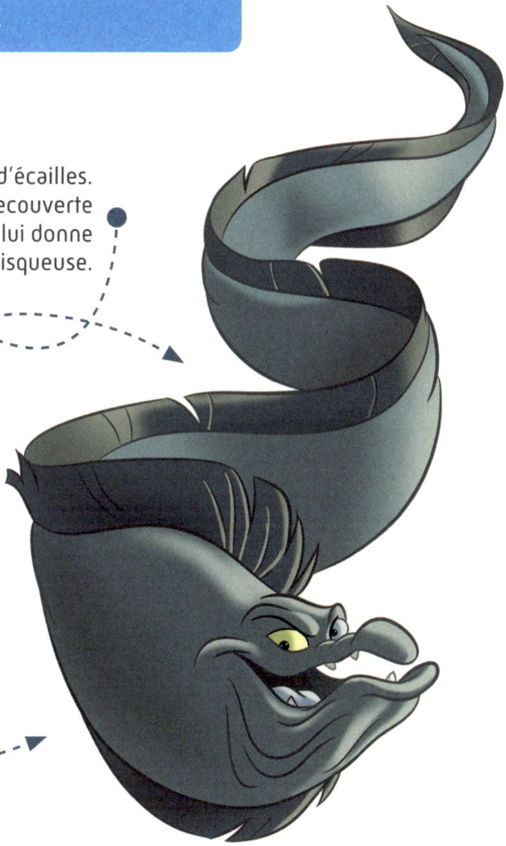

De couleur brune, verte, jaune ou noire, parfois parée de motifs ou de taches, la murène se camoufle facilement dans son environnement.

La murène cohabite parfois avec des crevettes nettoyeuses, qui se chargent de laver ses dents. En échange, elles mangent les restes de nourriture récupérée par la murène.

# La murène

**La murène est un poisson au corps allongé sans nageoires sur les côtés, qui se déplace en ondulant : cela lui vaut son surnom de « serpent de mer ». Elle reste la plupart du temps tapie dans des crevasses ou des trous dans les rochers et les récifs, où elle guette ses proies dès la nuit tombée. Lorsqu'elle en repère une, elle fond sur elle et utilise ses très nombreuses dents acérées et recourbées pour les attraper et les empêcher de s'échapper.**

La raie manta est la plus grande des raies : elle peut mesurer jusqu'à 9 mètres d'envergure et peser 2 tonnes.

Sa peau est recouverte de petits denticules, ce qui lui donne une texture rugueuse.

De nombreuses raies ont une queue allongée équipée d'épines venimeuses, qui lui servent à se défendre contre les prédateurs.

La plupart des raies sont vivipares : les œufs se développent à l'intérieur du corps de la femelle, jusqu'à ce qu'ils soient prêts à naître.

# La raie

Il existe de très nombreuses espèces de raies, mais toutes ont en commun un corps aplati, habituellement circulaire, ovale ou rectangulaire. Elles ont souvent de très grandes nageoires sur le côté, rattachées directement à la tête. En forme d'ailes, elles leur permettent de nager gracieusement en ondulant, un peu comme si elles volaient. Leurs branchies, en forme de fentes, sont placées sur le ventre, tout comme leur bouche et leurs narines.

## FICHE D'IDENTITÉ

Autres noms : batoïde, hypotrème
Type d'animal : poisson cartilagineux
Lieu de vie : fonds des océans, mers et parfois estuaires ; eaux tempérées et tropicales du monde entier
Envergure : quelques centimètres à plusieurs mètres
Poids : quelques grammes à 2 tonnes
Alimentation : plancton, palourdes, huîtres, crustacés, poissons, vers marins
Durée de vie : 15 à 25 ans
Prédateurs : requins (p. 107), phoques (p. 118), otaries (p. 119)

### FICHE D'IDENTITÉ

**Type d'animal :** cnidaire
**Famille :** scyphozoaires
**Lieu de vie :** océans et mers du monde entier
**Diamètre :** 5 centimètres à 2 mètres
**Longueur :** quelques centimètres à 30 mètres
**Poids :** quelques grammes à 200 kilos
**Alimentation :** petits poissons, plancton, autres invertébrés marins
**Durée de vie :** quelques jours à plus de 400 ans
**Prédateurs :** manchots, tortues marines (p. 115), albatros

# La méduse

**La méduse est l'un des plus anciens animaux marins. On a découvert des fossiles datant de plus de 600 millions d'années. De la même famille que les anémones de mer et des coraux, c'est un invertébré, sans squelette, ni cerveau, ni branchies. Son corps, composé à plus de 95 % d'eau, est en forme d'ombrelle et se prolonge par des milliers de tentacules. Selon l'espèce, ceux-ci peuvent mesurer de quelques millimètres à 30 mètres de long.**

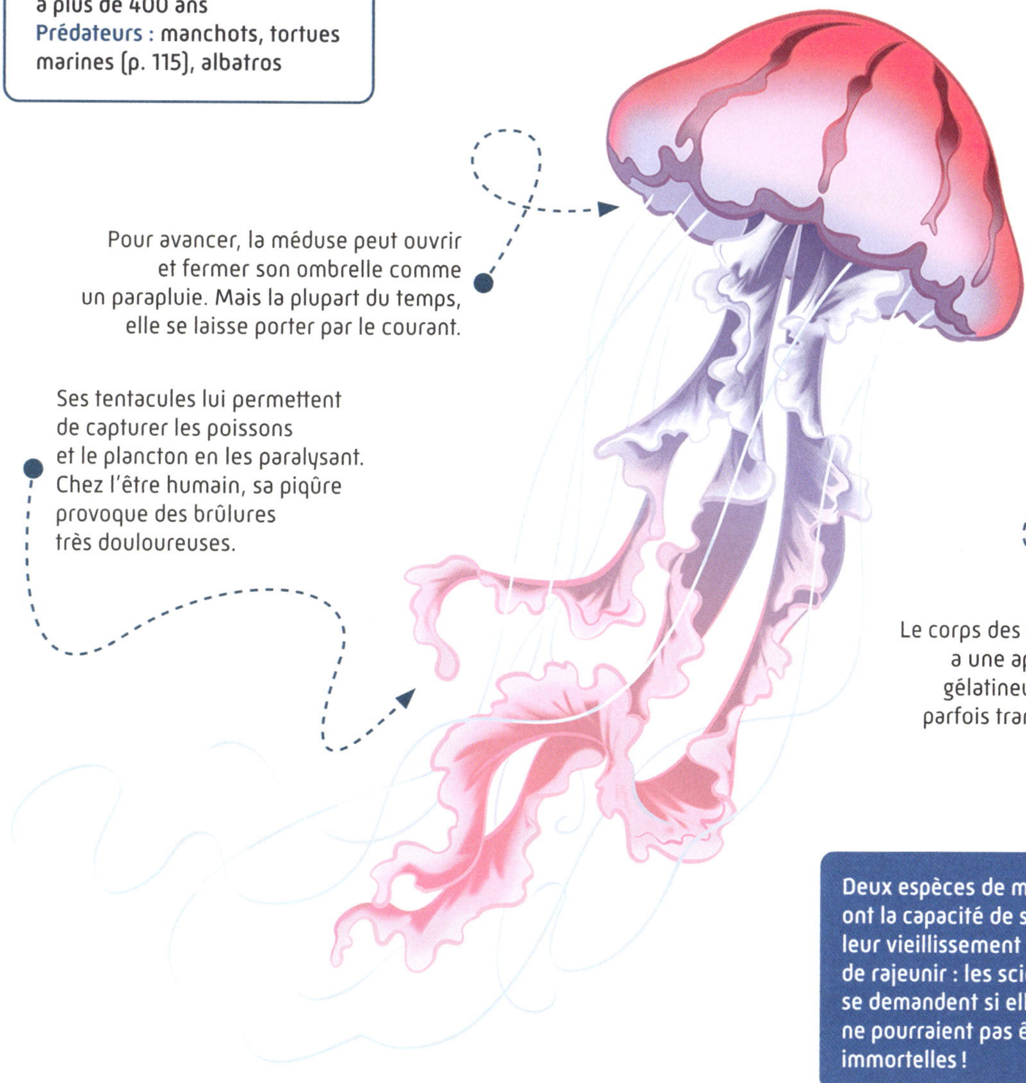

Pour avancer, la méduse peut ouvrir et fermer son ombrelle comme un parapluie. Mais la plupart du temps, elle se laisse porter par le courant.

Ses tentacules lui permettent de capturer les poissons et le plancton en les paralysant. Chez l'être humain, sa piqûre provoque des brûlures très douloureuses.

Le corps des méduses a une apparence gélatineuse. Il est parfois transparent.

**Deux espèces de méduses ont la capacité de stopper leur vieillissement et même de rajeunir : les scientifiques se demandent si elles ne pourraient pas être immortelles !**

# L'hippocampe

**Malgré son apparence atypique dans le monde marin, l'hippocampe est bien un poisson ! Il a la particularité de nager à la verticale et de se servir de sa queue pour s'accrocher aux coraux. Il aspire sa nourriture avec sa bouche, comme si c'était une paille.**

### FICHE D'IDENTITÉ

Surnom : cheval de mer
Type d'animal : poisson
Famille : syngnathidés
Lieu de vie : eaux tempérées et tropicales du monde entier
Taille : 2 millimètres à 35 centimètres
Poids : quelques grammes à 200 grammes
Alimentation : petits crustacés, krill, petites crevettes (p. 116)
Durée de vie : 2 à 4 ans
Prédateurs : raies (p. 112), crabes (p. 117), gros poissons

L'hippocampe est capable de bouger ses yeux indépendamment l'un de l'autre.

**La femelle dépose ses œufs dans une poche située sur le ventre du mâle et c'est lui qui les porte jusqu'à l'éclosion.**

L'hippocampe se déplace très lentement. Il lui faut 2 jours pour parcourir 1 kilomètre !

### FICHE D'IDENTITÉ

Nom savant : *Asteroidea*
Type d'animal : échinoderme
Famille : asterozoaires
Lieu de vie : fonds marins des océans du monde entier
Taille : 5 à 30 centimètres, voire 1 mètre
Poids : 100 grammes à 5 kilos
Alimentation : mollusques, coraux, détritus organiques, algues
Durée de vie : 5 à 35 ans
Prédateurs : crevettes arlequin, poissons, crabes (p. 117), autres étoiles de mer

# L'étoile de mer

**Comme son nom l'indique, l'étoile de mer a la forme d'une étoile, habituellement à 5 bras. Elle ne possède ni cerveau, ni tête, ni squelette. Elle a 2 faces : la face orale, contre le sol, qui comporte notamment sa bouche ; et la face aborale, qui ne présente qu'un petit anus.**

Une étoile de mer peut régénérer un bras perdu. Elle peut même faire repousser un corps entier à partir d'un bras.

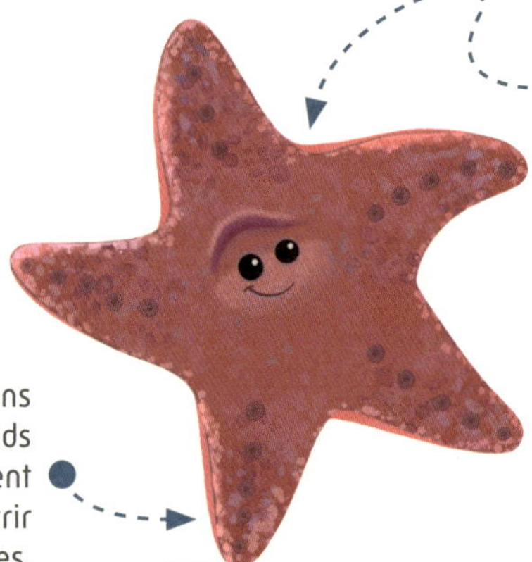

L'étoile de mer a des podions sur sa face orale : des petits pieds munis de ventouses qui lui servent à se déplacer et à ouvrir des coquillages.

**Il existe environ 1 600 espèces d'étoiles de mer.**

La plupart des tortues marines ont une carapace rigide recouverte d'écailles dures. Celle de la tortue luth est souple.

Il existe 7 espèces de tortues marines ; la plus connue est la tortue luth. C'est la plus lourde de toutes. Elle peut peser jusqu'à 900 kilos.

La tortue marine ne peut pas rentrer sa tête dans sa carapace, contrairement aux tortues terrestres ou d'eau douce.

Elles peuvent sentir le champ magnétique terrestre, ce qui leur permet de se repérer quand elles parcourent de grandes distances ou qu'elles cherchent une plage pour la nidification.

### FICHE D'IDENTITÉ

**Type d'animal :** reptile marin
**Famille :** chéloniidés et dermochélyidés
**Lieu de vie :** océans tropicaux et subtropicaux du monde entier
**Taille :** 90 centimètres à 2 mètres
**Poids :** 110 à 700 kilos
**Alimentation :** algues, herbes marines pour les herbivores ; éponges, méduses, crustacés, poissons pour les omnivores
**Durée de vie :** 50 à 80 ans
**Prédateurs :** oiseaux de mer, crabes (p. 117), poissons, requins (p. 107), orques

# La tortue marine

Les tortues marines occupent les mers chaudes de la planète depuis des millions d'années. Elles ont des « palettes » en guise de pattes avant, qui leur permettent de parcourir parfois des milliers de kilomètres dans l'eau à la recherche de nourriture. Elles sont en revanche beaucoup moins à l'aise sur terre, où elles sont toutefois obligées de se rendre pour pondre leurs œufs et les y enfouir. Les bébés sortent au bout de 2 mois et tentent aussitôt de rejoindre l'océan, mais beaucoup se retrouvent la proie de prédateurs.

# La crevette marine

La crevette marine est dite « décapode », c'est-à-dire qu'elle possède 10 pattes, qui lui servent aussi bien à se déplacer sur les fonds marins qu'à nager. Sa queue en forme d'éventail est aussi un atout, car elle lui permet de se propulser rapidement en arrière en cas de danger. Son corps est constitué de plusieurs segments et l'ensemble est recouvert d'une carapace protectrice. Il existe également des crevettes d'eau douce, qui partagent de nombreuses caractéristiques avec elle.

Les antennes de la crevette sont sensibles aux vibrations et lui permettent de se repérer et de communiquer avec d'autres crevettes.

La femelle pond habituellement ses œufs en pleine mer. Ils se transforment en larves, puis passent par différents stades avant de devenir adultes.

Certaines crevettes montent vers la surface la nuit pour chercher de la nourriture, puis redescendent dans les profondeurs durant la journée pour se mettre à l'abri des prédateurs.

Certaines crevettes peuvent passer d'une couleur gris translucide à rose, rouge ou verte, afin de se camoufler.

## FICHE D'IDENTITÉ

**Type d'animal :** crustacé
**Ordre :** décapodes
**Famille :** pénéidés et carides
**Lieu de vie :** zones côtières et eaux profondes des mers et océans du monde entier
**Taille :** 2 à 20 centimètres
**Poids :** 1 à 30 grammes
**Alimentation :** algues, petits invertébrés, détritus organiques, plancton
**Durée de vie :** 1 à 6 ans
**Prédateurs :** poissons, oiseaux marins, crabes (p. 117), autres grands crustacés

Les larves des crabes s'appellent des « zoés ».

La plupart des crabes ont des yeux pédonculés : ils sont situés à l'extrémité de tiges mobiles. Cela leur donne une vision panoramique.

Le crabe marin se débarrasse régulièrement de sa carapace pour en créer une nouvelle plus grande. On dit qu'il « mue ».

La majorité des crabes marins ne se déplacent pas vers l'avant, mais de côté.

## FICHE D'IDENTITÉ

**Type d'animal :** crustacé
**Famille :** portunidés, cancridae
**Lieu de vie :** zones côtières et profondeurs des océans et mers du monde entier
**Largeur :** quelques millimètres à 40 centimètres sans les pattes
**Envergure :** quelques millimètres à 2 mètres
**Poids :** quelques grammes à 15 kilos
**Alimentation :** algues, petits poissons, mollusques, crustacés, détritus organiques, cadavres
**Durée de vie :** 1 à 10 ans
**Prédateurs :** poissons, oiseaux, phoques (p. 118), loutres (p. 34), autres crabes

# Le crabe

**À l'image du crabe terrestre et du crabe d'eau douce, le crabe marin possède un corps large et aplati recouvert d'une carapace rigide. Il est doté de 10 pattes, dont la première paire, considérablement plus grosse que les autres, forme des pinces. Celles-ci lui servent à se nourrir, à creuser des trous et à se défendre contre ses prédateurs. L'envergure varie beaucoup d'une espèce à l'autre : le crabe petit pois n'excède pas quelques millimètres, alors que celui du Kamtchatka avoisine les 2 mètres.**

Le petit du phoque s'appelle le « blanchon », le « veau » ou encore le « chiot ». Il est le plus souvent blanc, ce qui lui permet de passer inaperçu sur la banquise.

### FICHE D'IDENTITÉ

Nom savant : *Phoca vitulina*
Type d'animal : mammifère marin
Famille : pinnipèdes
Lieu de vie : mers et océans du monde entier, mais surtout zones côtières tempérées et froides de l'hémisphère Nord
Taille : 1,20 à 6 mètres
Poids : 60 à 400 kilos
Alimentation : poissons, moules, crevettes (p. 116), crabes (p. 117), autres crustacés et mollusques
Durée de vie : 20 à 35 ans
Prédateurs : orques, requins (p. 107), ours polaires

# Le phoque

**Avec son corps fuselé et parfaitement adapté au milieu aquatique, le phoque est un excellent nageur. Au cours de son évolution, ses membres se sont en effet transformés en nageoires. Il plonge également très bien, peut rester en apnée pendant de longues minutes et chasser à plusieurs dizaines de mètres de profondeur. En revanche, le phoque est bien moins agile au sol : ses toutes petites pattes avant ne lui permettent pas de se dresser ; il doit donc avancer en bondissant sur le ventre ou en rampant.**

## FICHE D'IDENTITÉ

**Autre nom** : lion de mer
**Type d'animal** : mammifère marin
**Famille** : otariidés
**Lieu de vie** : mers et océans du monde entier, près des côtes rocheuses
**Taille** : 1 à 3 mètres
**Poids** : 25 kilos à 4 tonnes
**Alimentation** : maquereaux, crabes (p. 117), harengs, langoustes, calamars, oiseaux marins
**Durée de vie** : 15 ans
**Prédateurs** : requins (p. 107), orques, grands phoques (p. 118)

# L'otarie

**L'otarie est de la même famille que le phoque et elle partage de nombreuses caractéristiques avec lui, mais elle vit presque autant sur terre que dans l'eau. Ses pattes avant forment des nageoires larges et puissantes, plus longues que les membres arrière, et elle peut s'appuyer dessus pour se déplacer au sol. Elles lui servent aussi à se propulser dans l'eau.**

L'otarie possède de grands yeux qui lui offrent la possibilité de voir clair même sous l'eau. Son ouïe est quant à elle moins développée.

Celle qu'on surnomme aussi le « lion de mer » est dotée de grandes moustaches appelées « vibrisses ». Elles lui permettent de détecter les mouvements sous l'eau, et donc les proies comme les prédateurs.

Contrairement au phoque, l'otarie a de petites oreilles externes.

**La femelle otarie donne naissance à un petit par an. La gestation dure presque un an.**

# Le mérou

Le mérou est un poisson prédateur robuste et musclé que l'on reconnaît à sa bouche particulièrement large et puissante. Avec des dents pointues et acérées, elle possède une arme redoutable pour capturer ses proies. Ce poisson vit dans les fonds rocheux des zones côtières.

Le mérou possède une nageoire dorsale unique surmontée d'épines.

Le mérou géant peut mesurer jusqu'à 2,70 mètres et atteindre les 400 kilos.

### FICHE D'IDENTITÉ

**Nom savant :** *Epinephelus marginatus*
**Type d'animal :** poisson
**Famille :** serranidés
**Lieu de vie :** principalement dans l'océan Atlantique, l'océan Pacifique et la mer Méditerranée
**Taille :** 30 centimètres à 3,50 mètres
**Poids :** 15 à 400 kilos
**Alimentation :** poissons, crustacés, mollusques, pieuvres (p. 110)
**Durée de vie :** 15 à 50 ans
**Prédateurs :** requins (p. 107), grands poissons prédateurs

**Le mérou naît sans sexe. Il devient femelle vers l'âge de 4 ans, puis mâle à partir de 12 à 15 ans.**

# La baudroie

La baudroie se caractérise par un corps large et aplati, des nageoires pectorales larges et déployées comme des ailes, mais surtout une tête énorme, disproportionnée par rapport au reste du corps, garnie de dents acérées impressionnantes.

La baudroie possède un filament sur la tête, qu'elle utilise comme leurre pour attirer ses proies.

La peau de la baudroie est lisse et sans écailles.

### FICHE D'IDENTITÉ

**Surnom :** crapaud de mer
**Type d'animal :** poisson
**Famille :** lophiidés
**Lieu de vie :** fonds marins de l'océan Atlantique, de l'océan Pacifique, de l'océan Indien et de la mer Méditerranée
**Taille :** 50 centimètres à 2 mètres
**Poids :** jusqu'à 40 kilos
**Alimentation :** poissons, pieuvres (p. 110), crustacés, autres animaux marins
**Durée de vie :** 15 à 20 ans
**Prédateurs :** requins (p. 107), grands poissons prédateurs

Le goéland construit son nid sur les falaises, les plages et les toits à partir de plumes et de branchages.

Son bec est robuste et légèrement crochu. Souvent de couleur jaune, il possède une tache rouge. La mouette a quant à elle toujours le bec rouge.

Le goéland est connu pour son cri strident, qui lui sert à indiquer la présence de nourriture ou d'un danger. Il l'utilise aussi pour marquer son territoire.

Les pattes du goéland peuvent être vertes, jaunes, roses ou rouges.

# Le goéland

Cet oiseau au plumage généralement blanc avec des nuances de gris sur les ailes et le dos est de la même famille que la mouette, avec qui on le confond souvent. C'est un oiseau opportuniste, qui n'hésite pas à suivre les bateaux des pêcheurs pour se nourrir des débris de poissons. Il vit en imposantes colonies et a la capacité de s'adapter très facilement à son milieu, à tel point qu'il menace parfois d'autres espèces d'oiseaux.

## FICHE D'IDENTITÉ

**Nom savant :** *Larus*
**Type d'animal :** oiseau
**Famille :** laridés
**Lieu de vie :** côtes maritimes, surtout dans l'hémisphère Nord
**Taille :** 45 à 75 centimètres
**Envergure :** 1 à 1,70 mètre
**Poids :** 300 grammes à 1,5 kilo
**Alimentation :** mollusques, poissons, crustacés, petits mammifères, insectes, œufs, déchets humains
**Durée de vie :** 10 à 30 ans
**Prédateurs :** rapaces, grands mammifères, gros poissons

# INDEX

## N



## O



## P

## R



## S



## T



## V



## Z